Les éditions du soleil de minuit

3560, chemin du Beau-Site, Saint-Damien, (Québec), J0K 2E0

Louise-Michelle Sauriol

Louise-Michelle Sauriol est orthophoniste et s'est inspirée dans ce roman d'une rencontre inoubliable avec une jeune fille arabe devenue sourde en période de guerre. Liant les destins du Sud et du Nord, l'auteure salue les courageux adolescents des deux extrêmes.

De la même auteure,
aux Éditions du soleil de minuit :

Collection album du crépuscule

Siara et l'oiseau d'amour, illustré par Leanne Franson, 2002.

Collection roman de l'aube

Le Couteau magique, illustré par Brenda Watson, 2000.

Sélectionné par Communication-Jeunesse

Chez d'autres éditeurs :

Alerte dans la rue, Loup de gouttière, 2002.
La Momie de tante Claudine, Loup de gouttière, 2002.
L'Espion du 307,Vents d'Ouest, 2001.
Dragon noir et fleurs de vie, Vents d'Ouest, 2001.
Un Samedi en Amazonie, Loup de gouttière, 2001.
Une Araignée au plafond, Pierre Tisseyre, 2000.
Mystère et gouttes de pluie, Loup de gouttière, 2000.
Tempête d'étoile et couleurs de lune,Vents d'Ouest, 1999.
Kaskabulles de Noël, Pierre Tisseyre, 1998.
Le Cri du grand corbeau, Pierre Tisseyre, 1997.
Margot et la fièvre de l'or, Des Plaines, 1997.
Les Géants de la mer, Héritage, 1997.
Au Secours d'Élim !, Héritage, 1996.

Louise-Michelle Sauriol

Terre de glaces

Les éditions du soleil de minuit

Les éditions du soleil de minuit remercient

Le Conseil des Arts du Canada
The Canada Council for the Arts

et la

Société de développement des entreprises culturelles
Québec

de l'aide accordée à son programme de publication.

Les éditions du soleil de minuit bénéficient également du Programme de crédit d'impôt pour l'édition de livres - Gestion SODEC - du gouvernement du Québec.

Illustration de la couverture : Stéphane Simard
Montage infographique : Atelier LézArt graphique
Révision linguistique : Sophie Dodart

Dépôt légal, 3e trimestre 2002
Bibliothèque nationale du Québec
Bibliothèque nationale du Canada

Données de catalogage avant publication (Canada)

Sauriol, Louise-Michelle

Terre de glaces

(Roman jeunesse)

ISBN 2-922691-17-9

I. Titre. II. Collection: Roman jeunesse (Saint-Damien, Québec).

PS8587.A386T47 2002 jC843'.54 C2002-941367-2
PS9587.A386T47 2002
PZ23.S28Tc 2002

Cette histoire a été écrite
avant « les événements ».

Elle est dédiée à tous les jeunes
qui souffrent ou ont souffert de la guerre.

Le désert pour nous?
C'était ce qui naissait en nous
Ce que nous apprenions sur nous-mêmes…

Antoine de St-Exupéry
Terre des hommes

Silence

Dehors, plus rien. Le blizzard total. L'anéantissement des formes et des couleurs. Disparue, la toundra ; éteinte, la nuit boréale. Seul règne le vent. Entre ces murs de vieilles planches, combien de temps résisterons-nous ? Dans mes vêtements givrés par le froid et la neige, je tremble comme un oiseau du sud dans une cage de glace. Jiimi, mon compagnon d'infortune, vient de réussir à allumer le poêle à l'huile de cette mauvaise cabane. Sortirons-nous d'ici encore vivants ? Les autres pourront-ils venir à la rescousse dans la tempête ?

Je me rapproche de la flamme, notre seul espoir de survie. Dans cette flamme vacillent les événements des derniers mois. Qu'est-ce que je fabrique dans le

Grand Nord, seule avec un garçon *inuk*, loin de mon père et de mes crayons de couleur ? Pourtant, je l'avais désiré de toutes mes forces, ce voyage. J'en rêvais depuis le moment où l'on avait annoncé le concours de dessin à l'école. Un concours dont le prix à gagner était un séjour dans le Grand Nord. L'enjeu : une semaine de classe avec des filles et des gars *inuit*. Je mourais d'envie de connaître ces jeunes-là. Je me demandais comment ils s'organisaient dans les temps modernes. Eux du vrai nord du Nord. C'est fou ce que j'avais envie de les rencontrer. Amina Sharif au Nunavik ! Moi qui n'entends rien de la parole ou des bruits, je voulais découvrir d'autres personnes pas comme les autres. Des personnes qui luttent pour s'adapter aux changements.

Quand je suis arrivée au Canada avec mon père, j'avais cinq ans et j'ai réappris le monde. J'en ai maintenant quatorze et je parle le français québécois. D'une autre manière que la plupart des gens, puisque je suis sourde. Mon seuil d'audition est tellement bas que je n'entends ni les sons ni les intonations de la langue. Même avec un appareil auditif. En conséquence, je lis les messages sur les lèvres des personnes. À condition qu'elles ne portent pas de grosse moustache, bien sûr ! Je parle autrement, avec mes mains, mes yeux, ma personne tout entière. Mon code, c'est la langue des signes québécois. Un langage gestuel rempli d'images et de symboles. On me l'a enseigné à l'école à Montréal et j'en suis fière.

Parfois, il m'arrive de parler avec mon corps seulement. Je danse en suivant le rythme des mélodies. Surtout quand je suis heureuse ou très triste. Ou encore, je parle avec mes crayons et mes pinceaux. Je peins des aventures de toutes les couleurs. J'oublie mon handicap. Mon ambition : devenir peintre ou photographe, ou mieux, cinéaste.

Le concours de dessin à l'école m'avait emballée. Je m'étais passionnément mise au travail. De l'esquisse au dessin, du dessin à l'application des couleurs, je me concentrai sur le Nord. Aucune distraction ni aucune pause. J'étais à des milliers de kilomètres, entourée de glace et assaillie de questions. Une fois le dessin terminé, je ne le montrai pas aux autres. Juste à mon amie Suzie. Je craignais qu'on en rie. La plupart des élèves avaient dessiné des igloos, des chiens de traîneau ou des ours polaires. Je ne pouvais pas. La vie d'aujourd'hui me mystifie beaucoup trop. J'avais planté des yeux au-dessus d'une mer de glace. Des yeux fouineurs, étonnés, qui contemplaient des équipements techniques comme des ordinateurs portatifs, des magnétoscopes, etc. C'était un curieux tableau. Suzie sursauta.

– *Tripant !* Original pour vrai !

– Tu crois ?

Elle ne s'attendait pas à une pareille invention. Trop insolite comme idée, j'en étais certaine. Je le lisais sur sa figure et croyais n'avoir aucune chance de gagner. En plus, le concours était ouvert à tous les élèves des classes secondaires du Québec. « Autant l'oublier », me répétais-je. Mais en vain.

Ce voyage me hantait. Je m'imaginais là-bas, en compagnie de filles et de gars de mon âge. Innocente, je dansais dans des tempêtes inventées, seule dans ma chambre. Mes pas suivaient le rythme d'un vent tolérable, à dimension de petit Nord. Je dansais entre des flocons taillés en forme d'étoile. Surtout les soirs où papa rentrait tard. C'est souvent ainsi. « Mon travail », affirme-t-il d'un air sérieux. Mon père est joaillier, un véritable artiste qui fabrique des bijoux recherchés. Mais ces soirs-là, son travail a les cheveux mauves ou roux clair ! Je l'ai souvent vu avec des femmes excentriques. Jamais les mêmes. Il les amène à la maison quand il pense que je n'y serai pas. À force de le surprendre, j'ai compris à quoi rimaient ses contrats exigeants. Je ne dis rien, mais j'en suis souvent triste. Alors je danse dans des décors magiques, seule au creux de mon silence.

Le jour où les résultats du concours furent dévoilés, j'avais le moral spécialement bas. J'étais certaine de ne pas gagner. Pourtant, mes pensées vagabondaient au Nunavik. Le matin, j'en oubliai totalement la circulation en me rendant à l'école. Je me demandais comment on faisait pour s'habituer aux froids extrêmes et comment, là-bas, les gens s'habillaient de nos jours. Des centaines de questions fourmillaient dans ma tête. Un automobiliste freina devant moi en levant le poing. Je n'avais regardé ni à droite ni à gauche avant de traverser et, comme je n'entends rien, je risquais gros. Je bondis sur le trottoir. Le reste du trajet, j'observai soigneusement les déplacements autour de moi.

En entrant dans l'école, l'adjointe me fit signe de la suivre chez le directeur. Pourquoi devais-je comparaître devant « Fantôme » ? Le directeur, monsieur Fafard, n'a pas l'habitude de recevoir les élèves et se montre uniquement pour les grandes occasions. À moins qu'un malheur ou un scandale n'arrive. Comme je n'ai personne à part mon père, je redoutais le pire. Papa aurait-il été victime d'une crise cardiaque après mon départ ? Comment le saurait-on déjà ? Je voulais questionner l'adjointe. Elle avançait à grands pas sans se retourner. D'habitude, madame Surprenant est expressive et aimable. Ce jour-là, elle restait fermée comme une huître.

Des gars souriaient par en dessous. J'imaginais sans peine leurs propos : « Bien attrapée, la fille toujours dans son coin ! » Petite, j'ai connu des chocs puissants. Mon corps meurtri s'en souvient et mon âme en frémit encore. De religion musulmane, Allah m'a consolée. Tant pis, si les foudres du directeur s'abattaient sur moi. Je n'avais plus rien à craindre.

Dans le couloir de l'administration, madame Surprenant s'arrêta devant la porte fatidique et me prit par les épaules.

– Amina, ne fais pas cette tête ! Tout n'est pas tragique dans la vie. Monsieur Fafard veut te rencontrer à propos du concours du Grand Nord. Tu sais, il était très bon, ton dessin !

Je tressaillis de tout mon corps. Était-il meilleur que d'autres, mon dessin bourré de questions ? Se pouvait-il qu'il m'arrive un bonheur ?

L'adjointe ouvrit la porte du bureau du directeur et me donna une poussée amicale. J'obéis à l'élan comme une poupée mécanique. Tête baissée, je m'avançai sur le bout des pieds au milieu de la pièce. Monsieur Fafard vint à ma rencontre la main tendue, le visage souriant.

Je levai un regard effarouché sur lui. Si l'adjointe s'était trompée ?

– Mademoiselle Sharif, je vous félicite ! dit monsieur Fafard en langage oral et signé. Vous avez gagné le concours national de dessin du Grand Nord, ex-æquo avec un garçon de Sherbrooke !

Ex-æquo ? Deux gagnants ? Est-ce que ça voulait dire que nous n'irions pas dans le Nord ? Devant ma mine angoissée, le directeur précisa aussitôt :

– Ne vous inquiétez pas : les deux gagnants seront récompensés comme prévu et votre père sera avisé dès aujourd'hui. Venez vous asseoir, je dois vous communiquer les modalités du voyage. Vous serez accueillie dans un petit village du Nunavik appelé Tikiraapik. Vous partirez un dimanche matin de Dorval et rentrerez le samedi suivant.

Ouf ! C'était donc vrai. J'avais gagné le concours et, en plus, je ferais le voyage dans le Grand Nord ! Assise sur le bout d'une chaise, j'observais le directeur qui m'expliquait l'organisation de ce séjour. J'étais incapable de retenir quoi que ce soit. Un morceau de banquise s'était détaché. Il m'emportait déjà chez ces jeunes *Inuit* perchés dans le Nord. Quand le directeur m'invita à quitter la pièce, je sursautai.

– Bon séjour, mademoiselle. Je suis certain que vous ferez honneur à notre école. Et si ça peut vous rassurer, madame Dupré sera du voyage. Elle a déjà enseigné dans le Grand Nord et parle couramment l'inuttitut, la langue des *Inuit*. Vous voyagerez dans les meilleures conditions possibles.

Je pris congé de monsieur Fafard, la tête plus que jamais dans les régions boréales. Mireille Dupré m'accompagnerait, notre jeune professeur de français. Une des personnes que j'estime le plus dans cette école. J'ignorais qu'elle avait travaillé là-bas. Frêle et de teint pâle, je ne la croyais pas le moindrement aventureuse. J'étais ravie de sa présence. Une fois dans le Nord, elle pourrait m'interpréter les gens et les événements. Quelle chance !

J'atterris dans la classe de maths, les jambes molles et l'esprit ébloui. Ce soir-là, emportée par une ardeur nouvelle, je dansai sur ma banquise à l'affût de rencontres nordiques bien réelles.

* * *

Jiimi me fait signe qu'il y a du nouveau. Une vieille peau de caribou traînait sur une sorte de plate-forme surélevée. En saisissant la peau, il a découvert une carabine cachée en dessous. Jiimi dépose la peau de fourrure sur mes épaules et entreprend d'inspecter l'arme de chasse. J'en profite pour me débarrasser de mon anorak humide et le mettre à sécher contre la fournaise.

Nous voilà armés. Contre qui ou

quoi ? J'aime mieux ne pas y réfléchir. Jiimi continue d'examiner la carabine, puis la pose à ses pieds. Il lève enfin la tête et m'annonce sa trouvaille.

– Elle est chargée ! Il reste quatre cartouches dans le magasin.

– Tant mieux.

Au fait, est-ce tant pis ou tant mieux ? Je n'en sais rien. Aurons-nous des visiteurs malveillants ? Le blizzard à lui seul me paraît suffisamment monstrueux. Que faire avec un fusil contre du vent ?

Je m'assois en tailleur devant le poêle, enroulant ma couverture improvisée autour de moi. Le vent violent me fait basculer dans mon histoire personnelle. Je la visionne comme un film muet dont la pellicule menace de se déchirer à tout moment.

En dépit de la fourrure usée sur mon cou, un frisson me parcourt l'échine. Les étapes de ma plongée dans le Grand Nord tournent devant moi à vitesse accélérée.

Envolée

En montant à bord de l'avion, ce dimanche 2 avril, mon cœur battait comme s'il allait exploser. Autrefois, le départ de mon ancien pays, l'Arabie, m'avait brisée. Ma nouvelle aventure me soulevait au-delà des nuages. J'avais l'impression de m'embarquer pour une autre planète. À Tikiraapik, je serais accueillie par une famille d'enseignants ayant une fille de mon âge. Je logerais chez eux. Leur fille souffrait de problèmes d'audition et, par conséquent, devait connaître le langage des signes. Ce qui me faciliterait la communication. On m'avait dit qu'elle s'appelait Léah. Ce nom me plaisait et me faisait penser à un nom de princesse. J'habiterais chez la princesse du Grand Nord !

En suivant l'hôtesse dans l'allée, j'avais envie de sauter et de danser. Je me voyais déjà au milieu de ma famille adoptive du Nord. Quelle énervée je faisais ! Mireille Dupré, mon professeur de français, m'invita calmement à prendre place près de la fenêtre.

Derrière nous, l'autre élève gagnant et son professeur d'éducation physique s'étaient déjà installés. Nous les avions rencontrés plus tôt à l'aéroport. Les cheveux clairs, la taille haute, le garçon se nommait Alain Charest. Du genre athlétique, il remuait, s'agitait et voulait sans cesse me parler. Ma surdité ne l'arrêtait pas. En attendant le vol, il m'avait raconté des histoires que j'arrivais à peine à déchiffrer sur ses lèvres, tant il parlait vite. Dès qu'il m'aperçut à nouveau, il se mit à m'écrire : il espérait partir en randonnée avec des chiens de traîneau, vivre dans un igloo, chasser les animaux sauvages. Et plus encore.

Les activités traditionnelles des *Inuit*

l'émoustillaient. Son dessin du concours racontait une expédition de chasse à l'ours, d'autrefois. Il m'en exécuta un modèle réduit en noir et blanc. L'ours blanc, les fusils, l'habillement, les chiens, tout y était. Son trait de crayon était habile, mais ses intérêts ne correspondaient pas aux miens. Je n'ai rien d'une sportive et l'idée d'attaquer les bêtes sauvages me dégoûte. Je lui retournai un message laconique : « Moi, je veux juste rencontrer les gens de notre âge. »

Fin de la communication. J'étais retournée sur ma banquise, emportée vers le monde *inuk* du troisième millénaire. Je voguais dans mon environnement fabriqué, la tête haute, le geste impératif. Je ne connaissais pas encore le caractère changeant de la terre de glaces. Pire, je m'en fichais éperdument.

– Bouclez vos ceintures ! m'interpréta Mireille en s'attachant.

Enfin le décollage ! Dans deux heures, Kuujjuak serait sous nos pieds.

Ensuite, correspondance vers les villages plus au nord. Alain et son professeur étaient attendus dans un autre village que le nôtre, Tikiraapik. Ce nom m'émerveillait. Ses lettres scintillaient devant moi, bougeaient, s'entremêlaient, composaient un rébus mystérieux. Je les interrogeais, les unes après les autres. Je ne savais encore rien de ce qui m'importait. À l'école, on nous avait montré des vidéocassettes, expliqué des coutumes, fourni des renseignements techniques. L'essentiel n'y était pas.

Tikiraapik signifie « petite péninsule ». Le village se situe dans la partie nord de la baie d'Hudson. Il compte environ six cents habitants. On livre l'eau aux maisons par camions-citernes. Le sol étant gelé en permanence, il faut ménager toutes les boissons fraîches. Les enfants du primaire et du secondaire fréquentent la même école, laquelle sert aussi de lieu de réunion pour les gens du village. Divers accessoires et objets artisanaux sont vendus dans une coopérative. Généralement, la viande et les articles d'épicerie se retrouvent plutôt au magasin général. Tout coûte très cher là-bas. Mieux vaut ne rien oublier de ses effets personnels. Voilà ce que j'avais appris pêle-mêle à l'école.

Et puis après ? Qui étaient les personnes installées sur cette pointe qui s'avance dans la mer ? Mireille m'avait montré des photos, toutes des images réjouissantes : groupes de personnes en fête, enfants aux yeux pétillants. Ces visages tannés par le froid et le vent glacial étaient-ils vraiment heureux ? Que pensaient les jeunes *Inuit* de nous, les gens plus au Sud ? À moins de partager leur vie, on ne pouvait le découvrir.

J'avais une semaine pour tenter l'expérience. C'était court et long à la fois. Papa trouvait surtout que c'était loin.

Allah protège et bénisse mon père ! J'espère le revoir un jour…

Une fois arrivée à Kuujjuaq, l'attente

du second avion me parut une éternité. Il faut plus de quatre heures pour que le petit appareil jaune fasse le circuit entre les villages *inuit*. Le gars de Sherbrooke s'était enfermé dans un roman. Il avait compris que je ne voulais pas converser. Captivé par l'intrigue et les personnages de son histoire, il tournait sans arrêt les pages. « Passionnant », m'écrivit-il en terminant sa lecture. « Je peux te le prêter, si tu veux ; c'est un roman policier. » Je refusai. Je voulais rester dans le présent. Observer les gens à l'aéroport me suffisait. Alain me jeta un œil perplexe. Tant pis. Chacun vivrait son séjour à sa manière. Lui dans l'action, moi, dans le regard et les gestes des autres.

Maintenant, je me demande si on peut s'isoler du mouvement autour de soi. Comment résister ? Les gestes des autres sont puissants. Ils sont facteurs d'entraînement.

Je l'ignorais…

Au deuxième embarquement, Alain et moi étions aussi excités l'un que l'autre. Cet avion léger allait nous mener à la découverte d'un autre univers. L'échelle pour grimper dans l'appareil était loin de nous intimider. Il nous tardait de nous élancer dans les airs comme des oies des neiges.

Quelques instants après, sous nos yeux émerveillés se déroulaient d'interminables étendues de neige entourées de quelques monts. Alain et son professeur d'éducation physique descendirent au premier village. Mireille semblait avoir sympathisé plus que moi avec son compagnon de voyage. Ils se quittèrent avec des embrassades. Je souhaitai bon séjour à Alain d'une simple poignée de main. Il me fit un clin d'œil et s'éloigna sans plus de cérémonies vers son aventure personnelle.

Dernier atterrissage : enfin, l'avion amorçait sa descente en spirale. À terre, du blanc, une colline, des roches. Plus loin, un petit bâtiment et une piste. L'atterrissage était imminent. J'enfonçai à nouveau la boucle de ma ceinture. Mireille se pencha de mon côté pour entrevoir un coin de paysage. Le village se résumait à des toits et à quelques rues couvertes de neige. Subitement, les roues touchèrent le sol. Mireille applaudit, les mains levées au-dessus de son siège. J'applaudis aussi très fort. Tikiraapik, mon oasis des glaces ! Nous arrivions enfin en haut de la carte du Nunavik, au nord-ouest du Québec. Tout à l'heure, les deux pieds sur la vraie banquise, j'allais rencontrer Léah, la princesse du Grand Nord.

Nous n'étions que cinq personnes à descendre de l'avion. Une bouffée d'air glacial me pinça la figure. Que j'étais heureuse de sortir ! Dehors, une pancarte tenue à bout de bras par une jeune fille attira tout de suite mon regard : « Bienvenue, Amina ! », pouvait-on y lire. Léah ! À ses côtés, une dame aux cheveux roux se répandait en gestes d'amitié. Mireille m'expliqua en langage signé que la dame était une enseignante avec qui elle avait travaillé dans un autre village. Deux minutes plus tard, nous étions enfin réunies. La jeune fille me dit un seul mot, le plus banal et le plus essentiel à la fois :

– Bonjour !

Mireille me présenta à son amie. Elle s'appelait Lisette et enseignait à la classe de Léah, ma nouvelle classe. C'était elle, en fait, qui avait organisé mon séjour dans le Nord.

– Je suis contente que vous soyez arrivées. Le temps est ensoleillé et doux, ces jours-ci ; un vrai printemps. J'espère que ça va durer. Venez tout de suite, je vous emmène dans la camionnette de l'école.

À mon étonnement, Lisette s'était exprimée en français oral et signé. Comment était-ce possible ? Avait-elle travaillé parmi les personnes sourdes elle aussi ? Je n'eus guère le temps de revenir de ma surprise, tout le monde avait déjà récupéré les bagages et se mettait en mouvement. Je m'installai dans la camionnette à la suite de Léah. Recroquevillées dans un espace derrière la banquette, nous échangions déjà des signes d'amitié quand Lisette démarra le véhicule. Elle conduisait d'une main sûre et, rendue à une croisée de chemin, elle ralentit pour nous montrer une bâtisse rectangulaire.

– L'école, signa mon professeur en se tournant vers moi. Elle s'appelle l'école Ajagutaq, ce qui veut dire, « Arc-en-ciel ». Inspirant, n'est-ce pas ? Il paraît que les élèves ont préparé une petite fête pour nous.

Je pensais me faufiler sur les bancs d'école sans bruit. Apprendre à connaître les élèves au rythme des activités scolaires. Les suivre dans leur cheminement sur la pointe des pieds. Le plus discrètement possible. Tant pis, je découvrirais d'un coup mon nouvel univers étudiant. Ce serait un plongeon direct.

« Ajagutaq » : je me représentais mentalement ces lettres en même temps qu'un arc-en-ciel imaginaire chevauchait l'école et la décorait de multiples couleurs. L'espoir d'une glorieuse expérience de communication s'incrustait dans mon esprit. Comme j'avais hâte au lendemain !

Léah me désigna du doigt une maison au bout d'une rue enneigée parallèle à la côte. Sa maison ? La camionnette s'arrêta devant l'habitation dont les pièces étaient toutes éclairées. Visiblement, nous étions attendues. J'étais intriguée par l'aspect contemporain de ce bungalow et me proposais d'explorer mieux le village dans les jours suivants. Lisette ouvrit la portière pour nous laisser descendre.

Le froid dardait la peau de mon cou et pénétrait mes vêtements. Je rabattis la capuche de mon manteau avant de reprendre ma valise et mon sac. Merveille, la neige restait ferme et luisante sous nos pas ! Qu'elle était loin, la matière crasseuse, mi-blanche, mi-brune des rues de Montréal. Ici, tout semblait pur et propre.

Mireille m'embrassa et poursuivit son chemin avec l'enseignante chez qui elle allait demeurer. Léah m'entraîna vers sa maison. Ma véritable aventure commençait.

Tikiraapik, mon village du Grand Nord, je t'aimais tellement ce soir-là. Tu enveloppais mon silence de blancheur. Comment l'enchantement a-t-il pu s'éteindre ?

Les pieds sur la banquise

La porte de la maison s'ouvrit d'elle-même. Toute la famille était là : la mère avec un bébé dans les bras, le père, des garçons, des filles, un grand-père. Comme ils étaient nombreux ! Je me sentis aspirée vers l'intérieur. Mon attirail de voyage disparut, mon manteau glissa de mes épaules. Je n'avais plus qu'à ôter mes bottes. Un petit chien se frotta le museau sur mes jambes. Tout rond, avec des pattes très larges, il ressemblait à un toutou jouet. Je flattai son dos, séduite par mon nouvel environnement.

Léah accourut, une paire de pantoufles de fourrure à la main. Deux minutes plus tard, les pieds bien au chaud, j'étais assise dans la cuisine, entourée de plus d'une douzaine de paires d'yeux foncés :

les yeux de mon dessin ! Ils étaient là qui me scrutaient, me lançaient des étincelles d'amitié : le grand-père en plissant les paupières, les plus jeunes en dilatant leurs prunelles. Des paroles que je ne savais lire s'échappaient de leurs lèvres. En langue inuttitut, certainement. J'avais vu cette écriture dans les livres que m'avait prêtés mon professeur de français. L'inconnu, à cet instant.

La maman de Léah s'approcha de la table avec une grande casserole. Elle m'offrait ce qui semblait être de la soupe.

– De la soupe de poisson, dit le père de Léah avec des gestes.

Par quel prodige ? Qui l'avait initié à la langue des sourds ? Léah me fournit l'explication en signes et paroles.

– Ici, dans le Grand Nord, quand quelqu'un n'entend pas, ses amis et sa famille apprennent aussi les signes. J'entends mal depuis que je suis petite, alors tout le monde autour de moi a appris la langue signée, sauf mon grand-père qui ne parle que l'inuttitut.

Un merci fila d'entre mes doigts. Je ne m'attendais pas à un accueil semblable. Léah s'exprimait lentement en français et je lisais sans difficulté sur ses lèvres. De plus, la famille connaissait mon langage de signes. Quel soulagement ! J'étais émue. La cuiller à la main, incapable d'avaler quoi que ce soit, je les regardais les uns après les autres. Le grand-papa sourit et les jeunes aussi, attendant que je m'exprime à nouveau. J'étais frappée par leur réserve. Chez moi, nous n'arrêtons pas de parler, même s'il y a des visiteurs.

La mère nous encouragea à passer à l'action : manger ! Les émotions creusent et j'attaquai le repas avec enthousiasme. À plus tard, les conversations. Durant les jours à venir, j'aurais l'occasion d'échanger avec eux. Nous démêlerions nos ressemblances et différences. J'apprivoiserais le décor de la maison de

Léah, les gens qui l'habitent, leurs habitudes. Je mangerais, dormirais, jouerais avec eux, sauf durant les heures d'école. Au rythme de ma famille adoptive, je vivrais tranquillement mon séjour dans le Grand Nord.

C'est ce que je croyais. Comme si les lieux extrêmes savaient se plier aux désirs des visiteurs. Je ne pouvais concevoir l'énergie farouche qu'ils renferment. J'étais subjuguée par l'accueil amical des personnes. Les dures réalités du Nord m'échappaient.

Après le souper, Léah m'invita à visiter l'atelier de sculpture de son grand-père, situé à l'arrière de la maison. Au bas d'une armoire se trouvaient des roches noires ou vert foncé, telles qu'on les trouve dans la toundra. Intriguée, je les touchais, les manipulais comme des objets tombés d'un autre univers.

Sur la tablette du milieu, d'autres roches présentaient un début de transformation. Des outils variés, suspendus au-dessus de l'établi voisin, les avaient modifiées. Elles étaient devenues blanches et mystérieuses. Sous l'impulsion de l'artiste, hachettes, burins, râpes ou limes changeaient-ils l'âme des pierres en même temps que leur forme ? Sans aucun doute.

En haut de l'armoire, les sculptures habilement polies avaient repris leur couleur d'origine. Elles témoignaient du talent du grand-père : un oiseau avec un garçon, un chasseur penché sur son traîneau, un ours attaquant un phoque. J'aimais de tout mon cœur cet art né de la matière du Grand Nord.

– Ces personnages racontent des histoires du passé, dit Léah. Des histoires vraies ou imaginaires.

– Des histoires démodées ! s'exclama par gestes explicites son grand frère Simuni, venu se planter devant nous. Vous ne sortez pas ? Venez donc !

Simuni semblait avoir quinze ou seize ans. Une petite moustache couvrait sa lèvre supérieure. L'aîné de la famille, il dominait les autres par sa taille et son aplomb. À table, j'avais remarqué ses yeux brillants, son allure dégourdie. Devant lui, j'étais gênée et n'osais rien dire. Vêtu d'un blouson noir, une casquette à la main, il trépignait d'impatience.

Léah lui répondit dans sa langue quelque chose que je ne compris pas. Elle semblait fâchée. Simuni n'insista plus et sortit par une porte de côté.

– T'en fais pas pour lui, dit Léah. Sim est un oiseau de nuit et il a beaucoup d'amis. Il peut très bien se distraire sans nous.

J'étais soulagée par son départ, mais aussi, intriguée. Où allait s'amuser Simuni ? Et avec qui ? Y avait-il un café sympa au village ? Idée ridicule dans le Grand Nord, dans un coin perdu ! Durant le trajet en camion, je n'avais remarqué aucun établissement de la sorte. Je me proposais de m'informer plus tard de la destination de Simuni.

De retour dans la maison, j'aperçus les enfants dans le salon, rivés à la télé. Naïve que j'étais avec mon dessin du concours ! J'avais placé de jeunes *Inuit* face à des appareils modernes, mais j'étais loin de me douter de leur choix de programmes de télé. Quel choc de découvrir le garçon de sept ou huit ans et les deux filles d'environ cinq ou six ans, absorbés dans l'écoute d'une série américaine violente. Les poings serrés, ils nous ignoraient, dévorant les péripéties de l'émission. La plus petite tenait le chiot dans ses bras. Curieux mélange, le Grand Nord et les bandits américains. J'étais interloquée.

Encore une fois, Léah m'expliqua : d'ici, ils pouvaient capter plusieurs chaînes américaines, et ses frères et sœurs, fascinés par les bagarres, ne manquaient pas de s'y brancher. Mon amie ne désirait pas plus que moi demeurer devant le poste de télévision.

– Viens-tu boire quelque chose ? s'enquit-elle. Moi, je meurs de soif.

Un instant après, nous quittions l'écran et ses personnages troubles. La fillette de six ans et le chiot nous suivirent. Dans la cuisine, le grand-père pestait, les sourcils froncés, les bras en l'air. Il avait l'air terriblement fâché. Je ne savais que penser.

Léah m'interpréta ses paroles avec calme. Le grand-père disait que la télé était pire qu'un ours déguisé en chien docile et que, s'il avait été plus jeune, il l'aurait combattue, comme autrefois il avait dompté les bêtes sauvages. En riant, Léah lui donna un gros bisou et sa petite sœur aussi. Le vieil homme prit l'enfant sur ses genoux ; il se mit à lui raconter une histoire, sans doute un épisode de sa vie passée.

Pendant ce temps, Léah saisit deux canettes de jus de pommes dans le frigo et s'esquiva dans la chambre, avec moi sur ses talons. J'étais si fatiguée du voyage que j'en bus à peine quelques gorgées pour ensuite tomber comme une masse sur mon lit.

Matin nouveau

Tôt le lendemain, je me levai sur la pointe des pieds pour ne déranger personne. Par la fenêtre, entre deux maisons, je découvris un passage blanc sans fin, à perte de vue. Où menait cette allée mystérieuse ? À la mer de glaces ou dans la toundra neigeuse ? Léah me renseignerait à son lever. Interprète et guide à la fois, elle m'était beaucoup plus précieuse qu'une princesse.

Quelle idée saugrenue m'avait prise de rêver aux princesses ! Les têtes enflées pèsent lourd. Elles précipitent la chute du corps et j'en fais durement l'expérience. Dans la tempête, on est tous semblables.

En ce premier matin dans le Nord, le vent s'engouffra subitement dans le passage devant la fenêtre. Plus rien à l'horizon, sinon un souffle de blancheur entre les murs de bois. Fascinée par le jeu du vent sur la neige, je restai un bon moment à l'observer, sans réfléchir à sa puissance incommensurable.

Quelle heure était-il donc ? Le jour se levait et Léah commençait à bouger dans son lit. Quelques minutes plus tard, elle était à mes côtés. Ma nouvelle amie leva le store complètement. La clarté nous envahit, une clarté lumineuse née du soleil miroitant sur la neige. Le coup de vent était déjà passé et l'alerte terminée. Voici que le beau temps nous donnait rendez-vous.

– Déjà sept heures et demie, dit Léah en se plaçant devant moi. Tu es levée depuis longtemps ? Maman est certainement debout aussi, j'entends le bébé pleurer.

– Tu entends bien avec ton appareil ?

– Moyennement. J'entends les bruits et les voix assez fortes. Je dois porter toute mon attention sur les visages. Et toi, qu'est-ce que tu peux entendre ?

– Rien ou presque, mais j'entendais tout autrefois. Jusqu'à l'âge de quatre ans.

– As-tu souffert d'une maladie pour devenir sourde ?

– Non. Je n'ai pas été malade. C'est autre chose…

Comme d'habitude, je tus l'origine de ma surdité. L'ours et le morse du grand-père, réunis, sont moins violents que les secousses que j'ai subies autrefois. Je n'en parle à personne et j'ai enfoui mon histoire dans les sables de mon ancien pays.

Léah ne posa aucune autre question. D'un simple geste, elle m'invita à déjeuner.

– Attends, qu'est-ce qu'on voit par la fenêtre ? Où mène cette allée blanche ?

– À la mer. C'est un raccourci entre les maisons. Au bout, on arrive à la baie d'Hudson. Une mer immense.

– C'est loin ?

– Il faut une dizaine de minutes en motoneige. On ira ensemble après l'école.

J'étais contente. Devant moi, la mer de glace continuait d'exister. La télé pouvait diffuser des images de métal. Quelque part, les yeux se portaient sur une mer inchangée, à perte de vue. Pendant des kilomètres et des kilomètres. Et nous irions à la rencontre de cette mer de rêve.

Avec enthousiasme, je suivis Léah dans la cuisine pour le petit-déjeuner. La bonne odeur du pain chaud réunissait les jeunes et moins jeunes autour de la table. J'étais à l'aise dans cette pièce. La maman de Léah était si gentille. Elle prenait soin de nous autant que du bébé.

Avec les autres, je bus du thé et dégustai une sorte de pain nouveau, cuit dans un poêlon. « De la bannique », m'épelait mon amie de ses doigts habiles, tout en croquant son morceau. J'avais remarqué l'absence de Simuni, mais ne glissai aucune remarque à ce sujet.

À la fin du repas, j'engageai la conversation avec les enfants. Leurs noms se gravèrent dans ma tête : Lukasi, pour le garçon, Maata et Aisa, pour les filles. Une question fila au travers de mes doigts :

– Et votre bébé ? Il s'appelle comment ?

– C'est le bébé de ma cousine, répondit lentement Lukasi avec des signes et des paroles en français. Elle étudie à Montréal. Son bébé s'appelle Tiivi.

– Ta cousine étudie encore ?

– Oui. Elle a dix-huit ans et veut devenir infirmière.

– J'étais certaine que le bébé était ton frère.

– C'est tout comme !

J'étais éblouie par un cercle de famille aussi large. Jusqu'au chien qui venait rôder dans la cuisine et avait droit à des morceaux de pain. Il s'appelait Nanuq. Ce petit animal me ravissait. Son nom voulait dire « ourson » et il ressemblait à une boule de poil. Je lui tendis une bouchée de pain. Tout content, il sauta sur moi, la queue en bataille, et se retrouva dans mon assiette ! Au milieu de larges sourires, je le remis sur le plancher avec des caresses.

L'esprit détendu de ces gens m'impressionnait. Mon environnement habituel est tellement étroit. Mon père et moi, moi et mon père, point. Très souvent, j'étouffe : des directives, toujours des directives, « fais comme ceci et non comme cela ». Au milieu de cette famille, je respirais. Les enfants étaient nombreux et semblaient agir à leur guise. Les parents leur faisaient confiance. Personne ne les pressait d'obéir. La famille s'épanouissait dans la liberté. Du tout nouveau pour moi.

Je ne mesurais pas le poids de cette liberté.

– On y va ? demanda Léah par signes explicites.

– Où ?

– Mais à l'école, voyons !

– Est-ce que ta mère enseigne aussi ?

– Elle fait de la suppléance de temps en temps. Pas aujourd'hui. Prête ?

– Prête !

J'étais déjà debout. La troupe des petits s'élança vers les chambres et la salle de bains. Le départ pour l'école promettait d'être une joyeuse aventure. Je m'étonnais de n'avoir pas encore aperçu Simuni. Comme si elle lisait ma pensée, Léah fit une pause pour m'expliquer.

– Mon frère arrive souvent en retard à l'école. Il s'en tire quand même avec d'excellentes notes. C'est un dégourdi. Mon autre frère aussi, d'ailleurs.

Je ne doutais pas de la vivacité des jeunes de la maison. Leur regard en témoignait à chaque instant. Simuni pouvait bien agir selon ses habitudes, s'il était gagnant de toute façon. Quant à moi, j'avais le devoir de me préparer à temps pour la classe. Mireille comptait sur ma présence.

* * *

Pauvre enseignante si dévouée et tellement généreuse. Si elle savait ce qui m'arrive ce soir. Égarée au milieu d'un désert froid, saupoudré de neige, la classe me paraît dans une autre galaxie. Seule compte la survie. Des histoires anciennes remontent à ma mémoire, des histoires de Bédouins et de tempêtes du désert. Mon père savait les raconter autrefois. Je ne peux plus supporter ces récits d'enfance. Ces souvenirs me font trop mal.

Mieux vaut faire face à la tempête du présent. Je me lève en me secouant la tête, les membres, le corps entier. Attendre que tout se calme. Rien d'autre à faire. Je marche de long en large devant la fournaise. Jiimi se tourne vers moi et pointe son oreille. Il a entendu quelque chose d'insolite. Un espoir insensé me traverse l'esprit.

– Des secours arrivent ?

– Mais non ! On ne voit rien dehors. C'est un animal.

Jiimi s'approche de la porte avec la carabine. Terrifiée, je recommence à avoir froid. Je m'accroupis devant la fournaise. Mon compagnon sort de mon champ de vision. Je m'efforce de l'oublier et continue à examiner les premiers jours de mon voyage dans le Grand Nord.

Vers le futur

Lundi, j'exultais en montant avec Léah et les petits dans le traîneau familial tiré par… une motoneige ! L'air matinal était frigorifique et nous nous serrions les uns contre les autres. Bien protégés par des capuches bordées de fourrure, mes amis *inuit* supportaient le froid mieux que moi. Que m'importait ! Derrière les lunettes fumées prêtées par Léah, j'observais avec délices le spectacle du matin dans le village.

Des chiens rôdaient par petites bandes, les oreilles dressées, les pattes alertes. D'autres traîneaux bondés d'enfants se mettaient en route pour l'école. Les maisons, toutes construites selon le même modèle ou à peu près, étaient disposées en rangées. C'étaient des habitations de bois à un ou deux étages, décorées de couleurs vives. Curieusement, des peaux de fourrure séchaient sur certains de ces toits modernes. Malgré les changements de cadre et d'outils, les traditions demeuraient vivantes.

Le père de Léah conduisait prudemment, ce qui me donnait le temps de détailler mon nouveau décor. Au loin, on apercevait le contour de quelques collines et beaucoup de roches. Ni arbre ni élévation d'importance ne décoraient le paysage. La toundra s'étendait en une vaste plaine désertique et tranquille, comme dans les livres de la bibliothèque de mon école. Aucune menace de tempête ne transpirait.

Comme s'il devait être au rendez-vous toute la semaine, le soleil inondait le paysage de reflets éblouissants. Je croyais ferme à cette promesse de beau temps.

Bientôt, se dressa devant nous le

bâtiment de l'école Ajagutaq peint en vert, rouge et jaune. Un bref au revoir au papa et ce fut l'entrée dans l'école du côté des élèves.

Les petits coururent à l'intérieur rejoindre leurs camarades. Prise d'une angoisse subite, je restai clouée devant la porte malgré le froid. Léah se mit à rire devant mon embarras. Elle me guida d'un pas énergique jusqu'au deuxième étage de l'école. Moins d'élèves s'y dirigeaient, et surtout des filles. En pénétrant dans le corridor, je demandai à Léah par gestes significatifs :

– Où vont les garçons ?

– Tu sais, plusieurs n'aiment pas l'école ou sont trop fatigués pour se lever le matin. Ils apparaissent un peu plus tard.

Simuni n'était donc pas seul à couper sur les heures de classe. « Dur de se mettre à l'étude pour des gars avec du sang de chasseur arctique dans les veines », me disais-je. Je ne pouvais deviner que certains d'entre eux se couchaient très tard et qu'un monde parallèle à celui de l'école existait.

Au fond du corridor, la porte de la classe des secondaires I et II était ouverte. Une tête de fille aux cheveux raides et aux yeux orientaux apparut. Avec un large sourire, elle dit quelques mots inconnus et bientôt, plusieurs filles et quelques gars vinrent se poster à l'entrée de la classe. Ils étaient plutôt bruns de teint et la plupart, beaucoup plus costauds que moi. Avec ma taille trop mince, j'avais l'air d'une aiguille de pin au milieu d'eux. Je remarquai un gars plus grand que les autres avec un appareil auditif. Il se tenait à l'écart, mais semblait observer intensément ce qui se passait.

Lisette et Mireille, nos professeurs respectifs, nous invitèrent à nous réchauffer avec des jus, du thé et des biscuits. Je n'avais envie de rien. La chaleur humaine me suffisait. Les élèves se présentaient un à un. Chacun s'efforçait de communiquer avec des signes et des paroles en français québécois. Nous échangions des gestes de salutation. Ils s'appliquaient à bien prononcer et souvent, devaient réfléchir avant de parler, le français étant une deuxième langue pour eux. Ce qui me facilitait la tâche pour lire sur leurs lèvres.

Les filles et les gars étaient habillés à la « moderne », avec des jeans et des chandails. Le nom de chacun des élèves était inscrit bien en vue sur leur vêtement. Ce lundi matin, je n'en retins que deux ou trois. Parmi ceux-là, celui de Jiimi, le grand gars à l'appareil auditif qui s'était rapproché de moi peu à peu.

D'habitude, je fuis les garçons. Leurs regards insistants me déplaisent. Je ne tolère pas qu'ils me touchent, même du bout des doigts. Dans cette école sur glace, j'avais l'impression d'être hors d'atteinte, automatiquement à distance et entourée d'un d'écran invisible. Quand Jiimi me tira légèrement par la manche, je ne reculai pas d'un centimètre. Son geste émergeait d'une terre de froidure dont je ne faisais pas partie.

– D'où viens-tu, Amina ? demanda-t-il.

– De Montréal, en passant par l'Arabie de mon père.

– Ah oui ?

Comment Jiimi savait-il mon nom ? On m'avait dit que les *Inuit* posaient peu de questions. Celui-là devait être différent. En tout cas, il connaissait la langue des signes mieux que les autres et l'utilisait sans problème.

Une tiédeur envahit ma figure. « Tu rosis comme les fleurs d'amandier », dit toujours mon père lorsque la couleur se répand sur mes joues ternes. Je détournai la tête pour cacher mon émotion. Au tableau, j'aperçus, écrit en lettres flamboyantes : « Bienvenue, Amina ! » Voilà, voilà : mon nom était affiché bien en vue. Des banderoles rouges et vertes décoraient la pièce et lui donnaient un air de fête. Les élèves avaient activement travaillé avant mon arrivée. J'avais hâte de raconter à papa cette première journée de classe et l'accueil qu'on m'y faisait.

*   *   *

Pourrai-je lui raconter cela un jour ? Je tremble à mesure que le temps passe et qu'un blizzard intérieur s'installe en moi. Pourquoi mon compagnon *inuk* commence-t-il à enfiler ses mitaines ? Il retourne près de la porte, carabine au bras.

À moins que des bêtes… non, c'est le vent, rien que le vent. Je refuse de croire au malheur. Les animaux sauvages doivent se terrer eux aussi. Je replonge en arrière pour fuir la réalité confuse et angoissante.

*   *   *

Ce lundi matin dans le Nord, je finis

par accepter le jus et le gros biscuit tendus par Mireille, mon professeur. Elle rayonnait parmi les élèves du Nunavik et s'efforçait de m'interpréter leurs paroles occasionnelles en inuttitut. La matinée entière fut consacrée à des jeux de société, animés par Lisette, l'autre enseignante, et Mireille. Nous nous amusions ferme dans la classe. J'avais eu tort de m'inquiéter, la fête d'accueil se déroulait sans heurts ni cérémonies.

On m'assigna enfin une place à côté de Léah, autour d'une table, avec les élèves de deuxième secondaire. Les professeurs firent circuler des documents. J'avais l'impression de commencer à participer à la vie du groupe. J'aimais la manière qu'ont les élèves *inuit* de communiquer avec retenue. Sans m'en rendre compte, j'émergeais de mon isoloir.

– Peu d'absents, aujourd'hui, dit mon amie Léah. Juste une fille et un garçon. Je crois que les gars voulaient te rencontrer !

Nouvelle couleur rosée sur mes joues. Là, personne ne pouvait le remarquer. Mine de rien, je commençai à parcourir les feuilles de papier reçues : renseignements sur les métiers, liste de références… D'un pincement de doigts, Léah me ramena à l'attention : Lisette, son professeur, présentait une longue série de dessins d'élèves exposés sur un pan de mur de la classe. Mon propre dessin en photo couleur occupait le milieu de la murale. Tout autour, les dessins des élèves reprenaient le thème de la vie moderne pour les jeunes *Inuit*. La réponse à mon questionnement ! Des métiers techniques étaient représentés, des sports variés, des appareils du futur, des scènes de chasse avec armes nouvelles, bref, un rassemblement de rêves à saveur planétaire !

– Tu vois, Amina, disait Lisette, le professeur des *Inuit*, ton dessin en a fait naître d'autres. Et nous sommes loin d'avoir tout dit sur le sujet. Les élèves pourront t'en raconter davantage au cours de la semaine. C'est notre projet du mois : l'avenir. Chose certaine, nous serons très heureux de remettre cette murale à ton professeur à la fin de la semaine. Vous pourrez la montrer aux autres étudiants de votre école.

– Merveilleux ! s'exclama Mireille. Mes élèves des classes de français seront ravis de mieux connaître les jeunes d'ici.

– On ne sait jamais, poursuivit l'autre professeur, peut-être pourrez-vous vous entraider, les jeunes. Vous, du Sud et nous, du Grand Nord. Quand vous serez à Montréal, ne manquez pas de nous donner de vos nouvelles.

– Promis ! dit Mireille, mon professeur de français. Peut-être pourrons-nous vous inviter un de ces jours. Notre école fourmille de projets passionnants et la ville de Montréal est attrayante. Comptez sur moi pour travailler à la réalisation de ce futur voyage. Je vous en reparlerai durant la prochaine année scolaire.

C'était tout un projet et même une mission. Mireille est tout à fait digne de confiance pour exécuter une mission d'envergure. Elle ne ménage jamais ses efforts.

Quant à moi, je me délectais du programme de la semaine proposé par Lisette : projet de théâtre, cours de culture *inuk*, pêche sur la glace, randonnée avec chiens de traîneau et vendredi soir, party d'adieu. Tout semblait palpitant et immuable. J'avais l'impression d'être lancée dans une aventure réglée comme une horloge.

Depuis, j'ai appris que le Nord corrige les programmes au gré de ses gigantesques sautes d'humeur.

La pause du midi nous réunit de nouveau à la maison. Je me régalai d'un cuisseau de lagopède, fascinée par le changement de menu. Je savourais chaque minute de mon expérience nordique, comblée par la simplicité et l'esprit amical de chacun.

Ce premier jour de classe se termina par un cours de culture sur la saison actuelle avec la naissance des *natsiit* ou phoques annelés et aussi, ses tempêtes imprévues. Le professeur, un *Inuk*, s'exprimait dans sa langue, l'inuttitut, mais illustrait abondamment ses propos, de sorte que je comprenais l'importance des *natsiit* pour la nourriture et l'habillement d'autrefois.

Les Anciens les chassaient dans les bancs de neige formés par les grands vents. Les blizzards balayaient régulièrement la région en ce temps de l'année et les jeunes phoques se cachaient dans les accumulations de neige. L'enseignant dessinait bien. J'aimais ses croquis de chasse avec la mer gelée, les embuscades, les lances, l'attaque ; comme les autres élèves, j'admirais les *Inuit* d'avoir développé ces techniques dans un endroit aussi froid et inhospitalier.

Ensuite, l'enseignant se lança dans des descriptions du vent, nommé Anuri. Il dessinait au tableau des tempêtes et coups de vent qu'il qualifiait de toutes sortes d'appellations compliquées. Je décrochai. Ce vocabulaire me dépassait. Impatiente de voir arriver la fin de la classe, je remuais les pieds sous la table et crayonnais sur une feuille de papier.

Jiimi n'arrêtait pas de poser des questions et je lui en voulais d'étirer le cours. À un moment donné, toute la classe éclata de rire. Léah m'interpréta les paroles du professeur : il disait que porter ses vêtements à l'envers attirait le vent ! Je haussai les épaules dans la plus complète indifférence. Avec les instruments modernes de prédiction du temps, pourquoi s'attarder aux croyances antiques ? Je me sentais immunisée contre les catastrophes.

C'était sans doute moi, l'attardée du groupe.

Avant de partir de l'école, je m'avançai

vers la fameuse murale pour mieux l'examiner. Les dessins étaient riches en couleurs et en idées. Une merveille de tableau collectif. J'allais d'un dessin à l'autre, intriguée et charmée par les idées originales exprimées en couleurs vives.

J'étais aussi curieuse des ambitions de Léah, toujours à mes côtés.

– Où se trouve ton dessin ?

– Devine ! dit-elle par signes d'un air taquin.

Mes doigts se promenèrent du dessin d'une fille en superbe costume d'hôtesse de l'air à celui d'une autre, ministre du culte dans une église, passant par une guide touristique à casque et motoneige à douze places.

– Tu n'y es pas du tout, répliqua mon amie en guidant mes doigts jusqu'au dessin vert et blanc d'une personne qui soignait un chien.

– Tu veux devenir vétérinaire ?

– Voilà. Soigner les animaux, c'est un

but qui me permet de supporter les travaux d'école. Et toi ?

Je ne savais que répondre. Tout me paraissait soudain compliqué. J'admirais Léah de vouloir poursuivre des études. La murale m'avait égarée dans mes propres plans. Si loin de chez moi, j'étais désorientée et perplexe. Serais-je photographe ? Ou encore peintre ou cinéaste ? Était-ce possible de gagner sa vie ainsi ? Tellement hasardeux, ces métiers artistiques…

Parmi les dessins, j'avais remarqué l'illustration très réussie d'une fille qui chantait derrière un micro. Je l'indiquai du doigt à Léah.

– Avec ma surdité, il est sûr et certain que je ne deviendrai jamais une chanteuse comme celle-ci.

– Peut-être l'artiste derrière l'œuvre non plus, dit Léah d'un air songeur. Elle a beaucoup de talent, mais elle ne vient pas souvent à l'école.

– Tu sais, moi, je rêve d'être cinéaste.

C'est seulement un rêve.

Les yeux de la fille sur la murale étaient ternes. Même si elle chantait, elle semblait triste. Ça m'intriguait.

– Est-ce que l'élève qui a fait le dessin se trouve encore dans la classe ?

– Non, elle est absente aujourd'hui, reprit Léah. Comme la plupart du temps.

– Elle est malade ?

– J'en sais rien. Tout ce que je peux te dire c'est qu'elle s'appelle Pasha et plaît beaucoup à mon frère Sim. Viens, on s'en va.

Je n'avais aucune envie d'être indiscrète et il valait mieux rentrer. Mireille et Lisette, les deux professeurs réguliers, étaient revenues dans la classe. J'allai les saluer gaiement.

– Pas trop déconcertée par le cours de culture autochtone ? demanda Mireille. J'ai voulu te laisser goûter à l'ambiance par toi-même. Le prochain cours, je viendrai t'en faire l'interprétation.

– Ça va, dis-je sans trop de ferveur. Le cours était illustré et Léah se trouvait juste à côté de moi. Merci et à demain !

Je ne voulais pas avouer que je m'étais enfermée dans une bulle durant une bonne partie du cours. Que m'importaient les vents de la terre de glaces ? J'étais au chaud dans une salle de classe et j'allais bientôt rentrer dans le Sud.

J'aurais mieux fait de sauter sur l'occasion pour en connaître davantage sur la vraie nature d'Anuri et les épreuves extrêmes qu'il engendre.

Je dégringolai l'escalier et me retrouvai dehors avec Léah. Le jour était encore clair en raison de l'heure avancée et du printemps déjà amorcé.

Simuni nous attendait avec la moto à traîneau, les petits étant déjà rentrés. Ce garçon avait donc un penchant pour une fille qui rêvait d'être chanteuse. Cette pensée me rendait le frère de Léah plus sympathique. La flamme de son regard brûlait pour Pasha, l'absente mystérieuse.

Sitôt installées dans le traîneau, Simuni démarra la motoneige. Il menait son engin avec fougue et précision. Quel délice de rentrer ainsi à la maison !

Tant pis pour les traditions, je me régalais de vitesse et de blancheur dans la vie nordique du présent et du futur.

Mer à l'infini

Une fois arrivés à la maison, Léah m'offrit de poursuivre la balade en empruntant le passage blanc entre les maisons.

– Tu sais, l'espèce d'allée qui t'intriguait ce matin ? Celle qui conduit à la mer. On n'a qu'à détacher la motoneige du traîneau et partir toutes les deux. Ce n'est pas loin et nous serons de retour pour souper.

– Oh oui !

Cette proposition ne réjouissait pas Simuni. Il râlait et sa sœur lui tenait tête. J'avais envie de suggérer à Léah de laisser tomber. Le jeune homme voulait sans doute aller retrouver son amie Pasha. Pourquoi ne pas le laisser à ses projets ? Finalement, le frère et la sœur se mirent d'accord. Léah semblait satisfaite et lui aussi.

J'appris le lendemain qu'elle avait négocié une part de gras de phoque appelé *mattak* en échange de la course ! Mes amis *inuit* sont amateurs de friandises qui me retournent l'estomac.

– O.K. dit-il en me regardant. Je détache le traîneau pour vous. Mais faites vite !

– Merci, Simuni ! répondis-je par signes.

– Appelle-moi Sim. Une autre fois, on partira à plusieurs.

Intimidée par l'allure décidée du frère aîné de Léah, je n'ajoutai rien. Je pensais au dessin de la fille aux yeux tristes sur la murale de l'école. Quels étaient les problèmes de Pasha ? Est-ce que Simuni s'en préoccupait, lui aussi ?

Arrivés depuis un moment, Lukasi, Maata et Aisa gesticulaient devant la fenêtre. Je leur répondis en agitant la main et me hâtai de rentrer avec Léah.

Son frère fit de même et nous devança dans la cuisine.

– Tu veux une collation avant de partir ? demanda Léah. Il reste du pain de ce matin.

Je regardais les fillettes se servir de boissons gazeuses. Léah suivit mon regard et se lança dans une explication.

– Les liqueurs douces nous tentent parce que le lait et les jus coûtent cher. Les adultes boivent surtout du thé et ne prennent pas d'alcool.

– Ah oui ?

Mon amie détourna la tête. Elle semblait gênée. Pourtant, les musulmans ne boivent pas d'alcool et ils ne sont pas malheureux. La religion le veut ainsi et c'est bien comme ça. Je pris le menton de Léah entre mes doigts pour ramener sa figure en avant, afin qu'elle puisse bien me voir.

– Tout à fait comme chez nous, lui dis-je en langage signé. Mon père ne boit pas d'alcool du fait de notre religion. Il n'en est pas triste. Les autres personnes non plus. On boit du thé comme vous. Sauf qu'on y ajoute de la menthe et du sucre. Ça devient presque du sirop ! Vous êtes beaucoup plus raisonnables.

Simuni nous avait observées. D'un air moqueur, il haussa les épaules. Voulait-il se moquer de moi ou bien en avait-il contre toutes les coutumes ? Il nous rappela impatiemment de nous hâter, puis s'esquiva dans le salon.

Le grand-père vint alors nous saluer, une lime à la main. L'aïeul murmura quelques mots en inuttitut, puis il retourna à son atelier d'un pas chancelant. Comme je l'aimais, le grand-papa de Léah. Sa figure plissée, marquée de la griffe du froid, m'avait émue dès le premier soir. Les œuvres dans son atelier aussi. Je trouvais mon amie bien chanceuse de côtoyer son grand-père chaque jour. J'ai à peine connu le mien, là-bas, dans mon premier pays. Je me rappelle seulement sa main chaude et rugueuse sur mes bras nus, quand il m'attrapait au vol dans le jardin.

*   *   *

Cette tempête effroyable me ramène en Arabie. Au milieu d'un désert de glaces, les sens en alerte, l'essentiel émerge. Où es-tu, mon grand-papa ? Rafale glacée ou sable brûlant, la souffrance est la même. Les vents terrifiants balaient le présent, ne laissent que la mémoire vive. Le domaine des âmes viendrait-il du Nord ? On dirait Allah tout proche. Qu'Il nous protège ! La cabane vient d'être ébranlée. Le vent ?

Jiimi me fait un signe sans équivoque : le blizzard monte et il lui semble qu'un animal rôde. Je ne veux pas comprendre. Les animaux n'existaient pas sur mon dessin du Grand Nord. Ils sont hors sujet et n'ont pas le droit d'être là. Qu'ils disparaissent et le blizzard avec !

Mon regard se fixe sur la flamme. Je

suis partie ailleurs et je visionne la fin de ma journée du lundi.

* * *

Après l'école, mon amie déposa un morceau de pain sur la table et sa maman nous servit un peu de thé dans des tasses.

– Dépêchons-nous, dit Léah. On jasera plus tard.

Dix minutes après, casquées, assises l'une derrière l'autre sur la motoneige, Léah et moi nous élancions dans le couloir blanc. Je me laissais griser par cette nouvelle expérience : ma première sortie en motoneige sans traîneau. Devant nous, une allée blanche, puis l'éclatement du soleil sur les glaces : la mer givrée dont j'avais tant rêvé se trouvait juste devant moi. Elle s'étendait au-delà du regard, peinte aux couleurs dorées de fin d'après-midi.

Léah stoppa la machine et nous

descendîmes.

– Te voilà à la baie d'Hudson, m'annonça-t-elle avec des gestes fiers et précis.

J'étais émerveillée. Mon silence sans fin s'unissait à cette mer sans limites. Je la dévorais des yeux, fondue dans son immensité, une immensité morcelée de blocs de glace. Quel spectacle de fin de journée ! Tant de beauté s'offrait à moi d'un seul coup. Le cœur serré, je pensais aussi aux blocs de solitude glacée que je portais malgré l'affection de mon père, à ces barrières secrètes qui me faisaient souvent rester à l'écart. Je me proposais de peindre cette vision de l'intérieur de mon esprit, même si personne ne comprendrait.

Une pincée amicale et la figure de Léah me ramenèrent à la réalité.

– Tu vas geler si tu restes plantée comme un poteau !

Je commençai à bouger mes membres engourdis. J'essayais de retrouver les rythmes qui m'animaient avant mon départ. Danser, danser au bord d'une vraie mer de glace. Le rêve réalisé. Enivrant ! Je m'élançais, mes bras et mes jambes reprenant leur souplesse petit à petit. Léah tentait d'imiter mes mouvements désordonnés. Elle s'arrêta bientôt.

– Tu danses souvent ? demanda-t-elle par signes.

– Oui, mais toujours seule.

– Moi, je ne danse pas du tout. Les gens de ma famille non plus. À part ma marraine qui enseigne des danses traditionnelles dans un village de l'Arctique. Elle doit venir nous rendre visite bientôt. J'ai hâte de la revoir. Elle dit que danser soigne le corps et l'esprit.

– Je le crois aussi.

– Vraiment ? Dansons encore !

Nous dansâmes comme des folles. Nous n'arrêtions pas de tourner, sauter, évoluer sur la neige au rythme de nos pulsions. C'était bon. Je retrouvais mon énergie. Je me sentais projetée dans un avenir nouveau.

Léah s'arrêta à nouveau, la figure épanouie.

– Tu as raison, je me sens en meilleure forme. J'espère que ma marraine viendra cette semaine. Elle m'apprendra des vrais mouvements de danse. Allons-nous-en, maintenant. J'ai promis à mon frère de ramener au plus tôt la motoneige.

Elle enfourcha l'engin et, à regret, je m'installai à mon tour sur la motoneige. Nous étions à peine arrivées près de la maison que Simuni s'empara de l'engin et repartit à toute vitesse.

Pouah ! L'essence empestait. Jusque-là, je n'avais pas remarqué l'odeur âcre répandue dans l'air. Cette odeur viciée, j'aurais dû la garder en mémoire pour savoir lui résister dans les jours à venir. Mais je l'oubliai aussitôt et la machine bruyante reprit son pouvoir d'attraction.

J'observais Léah, en train de me tracer un message de ses doigts à propos de son frère.

– Sim est mordu de courses. C'est un sportif acharné. Il peut passer la veillée entière sur des pistes avec ses amis.

– Ah oui ? Où ça ?

– En dehors du village. Dans un coin de chasse. Des jeunes s'y rassemblent souvent le soir.

– Tu vas aussi avec lui?

– De temps en temps.

Il n'y avait donc pas seulement Pasha en cause dans le départ brusque de Simuni. Des jeux de course et, on coursait pourquoi ? Je ne comprenais rien à ces jeux. La nuit, il n'y a pas de prix à gagner. C'était comment ce plaisir ? Je me disais que j'aimerais le goûter un peu, pour tenter l'expérience. Ma curiosité allait me jouer un tour horrible.

En rentrant à nouveau, le petit chien sauta autour de moi. Nanuq m'avait déjà acceptée dans la famille. Ce futur chien de traîneau aux poils doux appartenait au monde de la nature, exempt d'odeurs artificielles. Une fois dans la chambre, je restai longtemps face à l'allée blanche que nous venions de traverser. La mer de glace, teintée des rayons solaires, continuait de m'habiter. Comme l'infini de mon silence.

Durant la nuit, je m'éveillai subitement, alertée par des courants de lumière clignotante et des vibrations étranges. Je courus à la fenêtre. Un groupe de motoneigistes rentrait. Léah avait raison. Ces jeux-là durent longtemps. Le cadran indiquait minuit. Un rayon de lumière filtra sous la porte. Quelqu'un venait de s'introduire dans la maison. Il me semblait percevoir une odeur particulière. Je crus que c'était l'effet de mon imagination et me rendormis jusqu'au matin.

Jeux de théâtre

Le deuxième jour de classe, mon questionnement reprit. Les vêtements de la fille à ma gauche étaient imprégnés de l'odeur perçue au petit matin à la maison. Cette fille, absente hier, semblait tellement fatiguée que ses yeux tenaient à peine ouverts. Ce devait être Pasha, l'artiste chanteuse de la murale, la flamme de Simuni. Est-ce qu'elle vagabondait avec lui durant la veillée ? Elle finit par appuyer sa tête sur son pupitre. La masse de ses cheveux rouge sombre ressemblait à un bouquet d'algues rejetées par la mer. Elle était belle dans son abandon, mais nous étions en classe !

Les garçons, eux, étaient tous absents dans la matinée du mardi, à part Jiimi.

Lui aussi avait l'air plus ou moins éveillé. J'étais troublée par mon nouvel environnement scolaire. J'avais voulu découvrir les jeunes du Grand Nord et ils m'échappaient. Finalement, je me suis dit que c'était à moi de m'adapter. La plupart des filles étaient pimpantes et réceptives, je n'avais qu'à les imiter.

Une vibration sur le plancher me fit sursauter. Retour à la classe. En avant, le professeur exigeait l'attention en martelant le plancher.

– Réveillez-vous ! lançait Lisette par signes et par mots largement articulés. Nous allons procéder à l'activité de théâtre suggérée par ma collègue Mireille Dupré. Sur le thème de l'avenir, elle vous invitera à jouer le métier que vous avez dessiné sur la murale. Ensuite, nous écrirons un texte à propos de ces métiers.

Pour démarrer le jeu, mon professeur de français demanda un ou une volontaire.

Léah était sans doute la plus brave de la classe. Elle se leva et prit place devant les élèves. Mon amie hésita un long moment avant de commencer. Ce jeu de théâtre qui me semblait si facile exigeait un gros effort de la part des élèves *inuit*, naturellement réservés. Léah finit par attaquer le jeu. Elle mima d'abord un environnement de chiens malades et partit en tournée avec une seringue fictive pour soigner ses patients. En fin de compte, elle leur donna congé en les caressant.

Lisette lui suggéra d'écrire au tableau la scène qu'elle venait de jouer ainsi que le nom de son futur métier. Mon amie exécuta cette tâche avec le sourire. Après cette performance, Lisette applaudit chaleureusement. Tous les élèves, et moi la première, imitèrent son geste.

Mireille fit ensuite un nouvel appel au volontaire. À mon étonnement, la fille aux cheveux rouges se leva.

– Tu es certaine que tu en as envie,

Pasha ? demanda Lisette.

La jeune fille lui fit signe que oui et se planta devant la classe. Tenant un micro imaginaire, Pasha chantait, suivait un rythme effréné, style rock pur et dur. Ses cheveux tourbillonnaient autour d'elle. Je n'entendais rien de l'air, évidemment, mais je devinais le stress de vivre que devait exprimer la musique. Les doigts et les mains s'agitaient pour accompagner la chanteuse qui se démenait de plus en plus, tapant du pied, tournant sur elle-même. Captivée par le rythme de la performance, emportée par le talent réel de Pasha, je battais la mesure avec les autres élèves. Tout d'un coup, Pasha poussa un cri dans sa langue et s'effondra sur le plancher. Les muscles de son corps avaient lâché, sa conscience aussi.

Lisette se précipita et lui tamponna les tempes avec un peu d'eau. Elle réussit sans trop de mal à lui faire reprendre conscience. Pasha se mit à pleurer à chaudes larmes. Les élèves s'agitaient sur leurs chaises, bouleversés par la scène à laquelle ils venaient d'assister. Lisette désigna une autre fille de la classe pour accompagner Pasha à l'infirmerie.

– On va bien la soigner, m'interpréta Léah qui voyait ma mine troublée. Pasha est très gentille, mais elle a des problèmes.

Je m'en doutais, évidemment. Mireille voulait interrompre l'activité, mais Jiimi insistait pour venir en avant jouer son futur métier. Qu'il était drôle, ce jour-là ! La tension qui régnait dans la classe s'apaisa devant ses mimes et gambades. Jiimi, d'après son dessin, voulait devenir pilote d'hélicoptère. Au plaisir de tous, il sautait, s'agitait, mimait un accident, se précipitait à bord de son hélicoptère pour sauver le blessé. Il y mettait une somme d'énergie considérable. Tout en jouant l'action, Jiimi parlait et signait.

En observant les élèves, je compris

qu'il était plus ou moins accepté du groupe. Son discours provoquait plus que du fou rire. On semblait le juger réellement maladroit. C'était quand même réconfortant de voir les élèves s'amuser. En jouant l'atterrissage, un faux mouvement jeta Jiimi par terre. Sur le coup, tout le monde resta coi. La chute de Pasha était encore toute fraîche à nos esprits. Mais Jiimi se releva d'un bond et repartit de plus belle à bord de son hélicoptère inventé.

Après sa performance, Lisette n'eut aucune difficulté à lancer son projet d'écriture sur les métiers. Nous étions prêts à inventer de nouvelles situations, des plus loufoques aux plus tragiques, dans la pratique de futurs métiers.

Après l'incident, Pasha rentra directement chez elle et personne n'en reparla. Durant les périodes de classe, les difficultés d'intégration de Jiimi me sautèrent aux yeux. À l'exception de quelques tentatives aux récrés pour se rapprocher de Léah et de moi, il se tenait à l'écart des autres.

Cette deuxième journée dans le Nord était remplie de mystère pour moi. Et le mystère s'alourdit quand, le soir venu, Sim disparut à nouveau à bord de la motoneige. Combien de jeunes prenaient la même direction que lui, après ou avant le souper ? J'étais dévorée de curiosité, tentée par l'inconnu.

Inconsciente que j'étais.

* * *

Oh ! Qu'est-ce qu'il lui prend maintenant à ce garçon *inuk* ? Une bourrasque vient de s'engouffrer dans notre refuge. Il a entrouvert la porte. Je claque dans mes doigts pour protester. Jiimi se tourne vers moi et demande si j'ai entendu, puis il sort, la carabine à la main. J'ai senti une onde de choc, mais je n'ai rien capté de plus. Rien de rien. Un tremblement me saisit.

Un oiseau de proie a-t-il lancé son cri d'alarme ? Une bête féroce se prépare-t-elle à nous attaquer ? Comment le saurais-je ? Je suis seule au milieu d'un vide menaçant. Mon unique compagnon vient de quitter la cabane. Est-il en train de se battre ? Ma tête se peuple de griffes et de mâchoires puissantes aux dents pointues. Les ombres me déchirent. Que se passe-t-il dehors ? Pourquoi ne puis-je percevoir un minimum de sons avec mon appareil auditif, comme Jiimi ou Léah ? ASSEZ !

Je croyais avoir accepté ma surdité : mon handicap n'a jamais pesé aussi lourd. Je souffre jusqu'au tréfonds de mon âme. Je me replie sur moi-même en serrant les poings. La révolte gronde dans tout mon être. Tant de personnes entendent bien. Et moi, pas du tout. Si au moins une légende du Nord pouvait m'interpeller dans ce lieu glacial. Hier après-midi, au cours de culture, l'enseignant *inuk* a raconté la légende du garçon aveugle, guéri par les huarts. Mireille me l'interprétait en langage signé et cette histoire m'a vraiment touchée. Il était question d'un garçon aveugle qui avait appelé des huarts à son secours pour le guérir de sa cécité. Les canards l'ont invité à se baigner avec eux. Quand le garçon fut immergé, les huarts lui ont léché les yeux à plusieurs reprises. C'est ainsi qu'il a recouvré la vue. Pour la surdité, aucun propos. Le creux du creux.

Un coup de vent terrible ébranle une deuxième fois la cabane. Silence. Où est Jiimi ? A-t-il réellement vu un animal ? Pourquoi ne rentre-t-il pas ?

J'arpente l'espace restreint de notre refuge, angoissée jusqu'à la moelle des os. Ma surdité me ronge. Je suis dévorée par un monstre de solitude. Coupé du monde, le silence devient intolérable. Il m'anéantit.

Qu'arrive-t-il à mon compagnon *inuk* ? Faut-il qu'il obéisse à tout prix à son instinct de chasseur ? Comment, aujourd'hui, en suis-je arrivée à une pareille détresse ? Les images de cette journée du mercredi rebondissent dans mon esprit comme des boulets empoisonnés.

Deux yeux luisants

Durant plusieurs périodes de classe, les jeux de théâtre innocents se poursuivirent. On y prenait goût. Je m'étais lancée dans la partie avec un attirail imaginaire de caméras. Je mimais un tournage de film. Ensuite, j'en écrivis le scénario sommaire au tableau : un enfant allait se noyer et des étudiants plongeaient à son secours. Ils le ramenaient à l'aide d'une bouée de sauvetage improvisée : un vieux pneu qui traînait là.

Rien d'original, en fin de compte, quand je pense à ce que je suis en train de vivre.

Ensuite, Mireille mena d'autres activités d'écriture avec le groupe. Travail de scénarios en équipe, jeux de vocabulaire. Évidemment, tout marchait rondement : aujourd'hui, il n'y avait que des filles en classe ! Même Jiimi manquait à l'appel.

Je ne prêtai aucune attention au cours de culture, ne me sentant pas concernée : on parlait de survie dans la toundra. Mireille m'interprétait consciencieusement les prescriptions de l'enseignant *inuk*. « Pour ne pas se perdre dans une tempête… » disait le message et je me répétais : « Bof ! Inutile pour moi. J'aurai d'autres chats à fouetter une fois en ville. » Mon attention s'égarait dans les méandres du rêve.

Après l'école, arriva ce qui devait arriver : j'acceptai l'invitation de Simuni à sortir en motoneige tout de suite après le souper. À condition que Léah y soit et que l'on rentre au bout d'une heure, maximum. Promesse accordée.

Avant de partir, le grand-père vint gravement pointer les nuages qui voyageaient à toute vitesse au-dessus des montagnes. Léah souriait en observant le ciel avec lui. Elle n'y croyait pas à la tempête et niait tout danger immédiat. Dès que le vieil homme eut le dos tourné, elle me dit :

– Mon grand-père s'alarme pour rien. Même si le blizzard se levait, on aurait le temps de revenir. Je l'ai rassuré en lui disant qu'on faisait juste un petit tour.

Vers les sept heures et demie du soir, nous partîmes gaiement : Simuni, seul sur la motoneige, Léah et moi, calées dans le traîneau. J'avais enfilé une autre salopette par-dessus mon pantalon de neige. J'étais bien protégée du froid et n'apportais avec moi que l'essentiel dans une pochette serrée autour de ma taille. Sim paraissait heureux de l'expédition et se montrait gentil, même pour sa sœur. Il lança la motoneige à vitesse modérée jusqu'à la limite du village, pour ensuite foncer dans la toundra.

Le temps était couvert, mais plutôt doux. La promenade au milieu de vastes étendues de neige scintillantes sous les phares me grisait follement. Vingt-cinq minutes plus tard, nous atteignions enfin cette cabane de chasse.

À l'intérieur, quatre ou cinq jeunes motoneigistes nous attendaient en fumant des cigarettes. Seule fille parmi eux, Pasha parlait de manière animée, une lampe de poche à la main. Elle semblait excitée, en meilleure forme que le matin précédent. Dans la cabane, je reconnaissais l'odeur dont ses vêtements et ceux de Simuni étaient imprégnés. La cigarette, tout simplement. Une odeur persistante dans ce tout petit local.

Sim rejoignit tout de suite la jeune chanteuse et s'assit sur le plancher près d'elle. À les voir se cajoler, je compris qu'ils étaient très copains. Je les trouvais bien ensemble ; elle, la chanteuse et lui, le sportif fringant.

Un peu plus loin, deux garçons se

bagarraient. Pourquoi tant d'agressivité ? Un troisième se jeta dans la mêlée. Sim intervint pour les calmer. Il semble qu'ils se disputaient un paquet de cigarettes. Je regrettais déjà ma sortie, lorsque Jiimi arriva. Les autres s'esclaffèrent juste à le regarder marcher de son pas lourd. Décidément, ce garçon jouait le rôle de clown partout où il passait.

Ensuite, toute la bande sortit de la cabane en se bousculant. Il commençait à neiger et le traîneau se couvrait de blanc. Je voulais m'en aller. Léah me rassura :

– T'en fais pas pour la neige ; nous, on rentre. Sim viendra nous conduire avec Pasha dans quelques instants. Il l'a promis.

Au même moment, un des gars qui s'était bagarré sauta sur sa motoneige et se dirigea sur Jiimi, qui réussit à s'écarter à temps.

– Idiot ! s'écria Léah, avec des gestes et des mots articulés.

Mais le jeune motoneigiste effectuait déjà un deuxième virage et revenait à une allure folle. Paniqués, les autres criaient au gars d'arrêter. Cette fois, la motoneige diabolique piquait directement sur la jeune chanteuse. Les cheveux en bataille, Pasha défiait le conducteur de l'attraper. Au moment où elle sautait de côté, son pied glissa sur la neige durcie. Le bolide lui percuta les jambes sous nos yeux horrifiés. Simuni se jeta au secours de son amie, suivi de près par sa sœur et les autres garçons.

Étendue sur le sol, Pasha se tordait de douleur, grièvement blessée. Les jeunes gens soulevèrent la pauvre fille et l'installèrent dans le traîneau avec d'infinies précautions.

Plus loin, le motoneigiste fou se mit à pleurer, subitement revenu à lui-même. Témoin impuissant du drame, je grelottais dans le vent qui soufflait de plus en plus fort. Je ne comprenais rien à leurs discussions en inuttitut et ce tragique coup de théâtre me chavirait. Léah se tourna enfin vers moi.

– Je dois accompagner Pasha au dispensaire avec Simuni. Il faut qu'elle reçoive des soins au plus tôt. Excuse-nous de te laisser comme ça, mais Jiimi va te conduire à la maison. C'est un gars fiable. Il parlera à mes parents. De toute façon, mon père est en réunion à l'école ce soir. À plus tard ! On vous tiendra au courant.

Simuni agitait les bras avec impatience. Sa sœur prit place au plus vite dans le traîneau pour réconforter Pasha. L'équipage disparut dans un tourbillon, en route pour la clinique d'urgence. Les autres motoneigistes démarrèrent aussitôt après et les rafales de vent effacèrent leurs traces.

Un vrai blizzard se levait. Anuri, le vent, se déchaînait dans une colère indescriptible. Jiimi s'était rangé à côté de moi sur sa motoneige et je distinguais à peine son visage. Il m'invita à monter sur le siège. Inquiète et déçue, je m'installai derrière le garçon *inuk* qui démarra à son tour. Je n'avais pas le choix, il me fallait rentrer au village coûte que coûte. Fouettée par le vent, je m'agrippais à mon conducteur dont je ne voyais que le dos. À chaque instant, je craignais de tomber. Il conduisait vivement son engin, effectuant des virages qui me plongeaient dans l'épouvante. Soudain, au bout de cinq ou six minutes qui me parurent des heures, ce fut la panne totale et irréparable : le moteur avait lâché, une pièce était tombée. Les autres étaient beaucoup trop loin pour nous dépanner. Que faire ?

Jiimi m'indiqua une direction : que m'importait par où aller ? En arrière ou en avant, je n'avais aucune idée de là où nous étions. Voulait-il revenir au village ? C'était beaucoup trop loin. Connaissait-il un autre refuge ? J'obéis à son ordre, marchant dans le brouillard blanc, le corps transpercé par le froid. La tempête augmentait et les rafales nous poussaient dans tous les sens. Il saisit mon bras pour m'aider à avancer. Je le repoussai, je voulais m'en tirer par mes propres moyens.

La fière Arabe gonflée d'orgueil voulait marcher seule. Progresser au bras d'un *Inuk* me paraissait indigne.

De peine et de misère, je suivis Jiimi, étirant le pas, courbant les épaules. Le sol était dur, mais la progression était pénible à cause de la force démente du vent. Ma figure brûlait, mes jambes devenaient de plus en plus lourdes. Au bout d'environ une demi-heure, j'étais épuisée, hors de moi. La toundra en furie m'agressait comme cent mille fouets glacés. Une bourrasque subite me fit perdre pied et je me retrouvai sur le sol à moitié étouffée. Devant moi, mon compagnon s'éloignait. Aveuglée par la tempête, le souffle court, j'étais désespérée. Mes membres ne réagissaient plus. Le monde au complet se fondait dans la neige. Était-ce la fin ?

Comme dans un mirage, je revis mon père qui me consolait, un jour que j'étais tombée sur la glace avec ma première paire de patins, puis la figure de Mireille, mon professeur de français, que j'avais trahie en sortant ce soir.

Mourir à quatorze ans dans une tempête dans le Grand Nord ? NON ! Je ne pouvais rester là, ensevelie vivante, loin des personnes que j'aime. Je hurlai comme une bête traquée. La peur au ventre, l'esprit en délire, je voulais VIVRE !

Jiimi rebroussa chemin. Il me remit sur pieds et ne me lâcha plus du parcours. À bout de forces, je me retrouvai devant la cabane, sur les lieux de l'accident de Pasha. Jiimi avait pris la bonne direction, je ne sais trop comment. L'instinct de ses ancêtres, sans doute. Un meilleur instrument que sa motoneige.

La porte de la cabane ne voulait plus s'ouvrir. Il l'arracha presque et je me jetai à l'intérieur, les vêtements givrés, l'esprit en déroute.

Je butai sur la lampe de poche de Pasha. Nous nous sommes éclairés et Jiimi a fini par allumer le poêle dont la chaleur me sècha et m'engourdit peu à peu.

* * *

Une vibration se propage le long des planches. Que se passe-t-il dehors ? Jiimi a-t-il été attaqué ? Pourquoi ne revient-il pas ?

Surdité maudite ! Ton étau monstrueux se resserre autour de moi. J'étouffe et gèle, même à l'abri. Je me sens comprimée par des murs de glace, isolée pour toujours, le cœur broyé.

Les bêtes sauvages se sont-elles enfuies ou se préparent-elles à me dévorer, morceau par morceau ?

Dans un sanglot, je me secoue et me lève en titubant. Lampe de poche en main, je me dirige vers la porte laissée ouverte. Autant aller voir, autant mourir et en finir.

Dans la clarté blafarde, j'aperçois soudain deux yeux brillants, puis un corps allongé qui détale. Au même instant, le fusil fumant, une manche d'anorak déchirée, mon compagnon *inuk* réapparaît sur le seuil de la cabane.

Par gestes, il m'annonce calmement :

– C'était un loup. Un loup agressif, rejeté par sa meute, de toute évidence. Je l'ai manqué, mais il a déguerpi. J'ai soif. Viens, on va faire fondre de la neige.

Onde de choc

En plus du vent, il y avait donc un loup dans nos parages. Un loup solitaire qui s'est jeté sur Jiimi. Mon compagnon a épaulé le fusil léger de l'homme blanc et visé comme il a pu dans le blizzard. La bête a détalé. Pendant que je m'apitoyais sur moi-même, Jiimi agissait. Il est temps que je m'inquiète pour lui.

– Tu es blessé au bras ?

– Presque rien, une éraflure. J'ai soif, c'est tout. Il me semble avoir vu une casserole sur la banquette à côté de la couverture.

Je dirige le rayon de la lampe de poche dans ce coin. En effet, une vieille casserole de métal traîne là, oubliée après la saison de chasse. Jiimi s'en empare et retourne dans la tempête sans faire cas de sa blessure. Deux minutes plus tard, il réapparaît avec la casserole remplie de neige qu'il dépose aussitôt sur le poêle à l'huile. Une fois la neige fondue, il m'offre à boire comme si j'étais son invitée.

– Ici, il n'y a pas de thé, ajoute-t-il par signes.

– Sers-toi, je n'en veux pas de toute façon.

– O.K.

Avec délectation, le garçon *inuk* avale une bonne partie du liquide, puis il s'assoit par terre en rabattant ses cheveux vers l'arrière. Pas un mot pour se plaindre. Je me réinstalle sur le plancher avec la peau sur le dos, frissonnante malgré la chaleur ambiante. Dans la flamme du poêle, je remarque les traits tirés de mon compagnon. L'alerte a dû être vive, même s'il n'en a rien laissé paraître. Jiimi se tait et paraît déçu. Il étire son bras vaillant jusqu'à la carabine qu'il a laissée par terre et la range près de lui.

La nuit ne fait que commencer, le combat n'est pas terminé. Que nous réserve encore ce temps impossible ? Je ne connais à peu près rien sur la faune de la région. Avant de partir, j'ai négligé d'étudier cet aspect du Grand Nord.

La figure de l'autre gagnant du concours et ses propos me reviennent soudain à la mémoire. Au moins, Alain Charest s'était préoccupé du sujet. À bord de l'avion, il n'en finissait plus de me décrire les distances incroyables entre les villages, les pièges cachés dans la toundra, et même les mirages qu'elle peut provoquer. Son dessin de chasse à l'ours était joliment plus pertinent que le mien. « Le pire ennemi de l'*Inuk* », avait-il écrit, à propos de l'ours. Il ne manquerait plus que cette visite.

Je n'en peux plus d'être confinée à ce refuge et m'agite sur le plancher. Comment rester sur place encore plusieurs heures, à la merci des coups de vent et des monstres invisibles ?

La crainte et l'impatience doivent se lire sur mon visage. Jiimi se tourne vers moi et me fait un geste bref :

– Ça va ?

– J'ai eu peur qu'un animal ne t'ait attaqué sérieusement.

– Ça aurait pu arriver. J'ai trébuché sur une roche et me suis retrouvé dans une sacrée mauvaise posture. On doit toujours faire face à l'ennemi pour garder le contrôle. Me voyant à terre, le loup m'a sauté dessus. J'ai réussi à le repousser et j'ai tiré. La balle a touché une de ses pattes, mais il s'est échappé quand même.

– Est-ce que tu penses qu'il peut revenir ?

– Peut-être. Si tu savais comme je suis déçu de l'avoir manqué.

Sa fierté d'*Inuk* est atteinte. Jiimi est sorti pour rien alors que nous étions à l'abri dans la cabane. Le loup lui a résisté et la malheureuse bête erre encore dans la toundra. Devant la mine basse de Jiimi, je change de sujet par signes rapides.

– Léah va s'inquiéter, ses parents aussi. Est-ce que tu crois que des secours vont finir par arriver ?

– Impossible par ce temps, signe Jiimi. Personne ne va s'aventurer dehors. Ce serait de la folie. On a de la chance qu'il y ait assez d'huile à chauffage dans le poêle pour la nuit. Demain, on verra ce qu'il y a de mieux à faire.

– À qui appartient la cabane ?

– À la famille de Pasha.

Le nom de Pasha m'a coupé l'envie de bavarder. L'espace de quelques secondes, je revois la moto endiablée effectuer son circuit et frapper la jeune fille. Qu'en était-il de ses jambes ? Pourrait-elle marcher après cet accident ? Quels soins lui a-t-on prodigués dans ce petit village isolé ? J'interroge la flamme du vieux poêle avec anxiété. Pourvu que

Simuni et Léah n'aient pas eu de difficulté à se rendre au dispensaire.

D'un doigt nerveux, Jiimi touche à mes genoux pour capter mon attention.

– Tu penses à Pasha ? Cette fille se met toujours dans le trouble depuis que son père est parti de la maison. Elle a complètement changé et pas dans le bon sens. C'est dommage, car elle est très sympa. Sim l'aime beaucoup, il doit être dans tous ses états. Si elle a des fractures compliquées, je pense qu'ils vont la transporter à l'hôpital.

– Où est l'hôpital ?

– Dans un autre village. Ce n'est pas ce soir que l'avion va décoller.

– Un vrai malheur.

– Oui, mais nous, nous ne pouvons rien faire. La meilleure chose, c'est d'aller dormir. Et le meilleur endroit, c'est là-haut sur ces planches. Tu viens ?

Je sursaute, n'en croyant pas mes yeux. Les gestes sont pourtant sans équivoque. Sa question m'inflige un choc puissant. Dormir côte à côte avec un *Inuk* ! Une bombe vient d'éclater dans ce refuge du Nunavik. Qu'Allah vienne à mon secours !

Déjà, me retrouver tard le soir, seule avec un garçon dans une cabane, m'affole. D'habitude, je parle à peine aux garçons et soudain, on m'invite dans une sorte de lit. Plutôt passer la nuit debout contre le poêle ou au milieu des bêtes. Quelle catastrophe ! Impossible de fuir, rien n'existe plus dehors. Le blizzard a effacé le monde. Tous les univers sont éteints y compris les plus reculés.

Ne restent qu'un garçon et une fille face à face dans un lieu misérable, perdus dans la toundra. Comment s'en sortir ?

Je lève des yeux paniqués sur Jiimi, pour enfin m'apercevoir qu'il rit ! Quel curieux garçon ! Son regard brille dans la semi-clarté du lieu et sa figure asiatique semble impénétrable. Je n'y vois cependant aucune malice. Devant la flamme, il signe encore.

– Tu parais fragile, je m'inquiète pour toi. Je n'ai pas voulu t'effrayer. Juste t'inviter à te reposer dans un endroit sans courant d'air.

– Ça ne m'intéresse pas.

– J'ai compris. Excuse-moi pour la panne. J'aurais dû inspecter la motoneige avant de partir. Les autres vont encore me tomber dessus. Je suis toujours maladroit.

– Ce n'est pas de ta faute et je te trouve très courageux.

Jiimi soupire et se tait. Il souffre de la réaction des gens à son égard, j'en suis désormais convaincue. En classe, il ne manifestait rien. On aurait dit un clown de service. Il est vrai que les clowns sont tristes. Je me sens empreinte de sympathie pour ce garçon, en même temps que je suis épouvantée d'avoir à vivre une nuit en sa présence. À moins que les secours n'arrivent contre toute attente.

Un mouvement insolite sur le toit vient balayer cette idée de mon esprit. Anuri s'agite furieusement et travaille à tout démolir. Notre abri va-t-il s'écrouler ? Jiimi se lève, touche le plafond et renfonce quelques clous avec la carabine. Il me fait signe que tout va bien et me tend un paquet de gomme à mâcher. Comment ne pas accepter ? Mes doigts engourdis font tomber deux morceaux par terre ; il m'en glisse deux autres dans le creux de la main. Après avoir vérifié le feu, Jiimi monte tranquillement s'étendre sur la banquette de bois.

Je me rapproche du poêle avec ma peau de caribou, décidée à veiller. Les vieilles planches de bois frémissent sans cesse, secouées par des forces puissantes et cachées. Aucune fenêtre pour démasquer les intrus, et mes oreilles ne peuvent rien détecter. Quelle piètre gardienne je fais ! Pendant que le loup hurlait, je rêvais d'école et de famille nordique. Je rage doublement. Non, triplement.

Un rapide coup d'œil à ma montre : vingt-deux heures. Encore beaucoup de temps avant le matin. Est-ce que j'arriverai à tenir le coup ? Je me demande si Léah a vraiment appris la nouvelle de ma disparition et de celle de Jiimi. Étant donné qu'elle est partie au dispensaire, sans doute l'ignore-t-elle encore. Quant à Mireille, mon professeur, elle doit se reposer chez Lisette, ne pouvant imaginer mon imbécile témérité. J'aimerais ne rien lui avouer et trouver un bouton magique pour rentrer au village immédiatement.

Qu'elle est longue, cette nuit…

Nuit blanche

Jiimi a bougé et se relève. Serait-ce aussi inconfortable là-haut qu'ici ? Il descend près du poêle, relève la manche de son anorak et commence à examiner son bras. Est-il souffrant ? Je l'éclaire avec la lampe de poche : une longue marque rouge incrustée de sang apparaît entre les plis de sa chemise déchirée. Affolée, je lui demande par signes :

– Tu as mal ?

L'*Inuk* ne répond pas. Il verse sur sa blessure le reste de l'eau de la casserole. Je fouille dans la poche intérieure de mon manteau. Le mouchoir déposé là avant le départ s'y trouve toujours, une espèce de fichu blanc à carreaux jaunes. J'offre à Jiimi de lui faire un pansement avec mon fichu. Il ne dit ni oui ni non, mais ne retire pas son bras. J'extrais de la pochette attachée à ma taille la mini-trousse de secours remise par mon père avant le départ. Un sachet de produit désinfectant s'y trouve. C'est mieux que rien pour prévenir une grave infection. Je l'applique sur la blessure avant de la recouvrir du fichu. Jiimi grimace, sans se plaindre.

Une fois le bras bandé, le garçon se plante devant moi et me signe la question la plus inattendue :

– C'était comment dans ton premier pays ? Tu sais, l'Arabie ?

– L'Arabie ?

Je n'en reviens pas. Jamais personne ne m'a posé de questions sur le pays d'où je viens. J'ai commencé l'école au Québec et toute ma vie d'écolière s'est déroulée à Montréal, sans qu'on m'interroge. Pourquoi faut-il que le Nord me renvoie dans les sables ? Des dunes de sable aux dunes de neige, un lien étrange n'en finit plus de s'établir. Et cette fois-ci par la bouche de Jiimi, un *Inuk,* encore inconnu la semaine dernière.

– Tu ne veux pas me répondre ? insiste Jiimi.

– J'avais cinq ans lorsque j'ai quitté l'Arabie Saoudite. Ce que j'en sais me vient de mon père.

– Tu habitais une ville ?

– Une grande ville appelée Riyad. C'est la capitale.

– Est-ce qu'il y avait des arbres ?

– Nous avions un jardin où poussaient des amandiers, une sorte d'arbre avec des fleurs roses au printemps et des amandes en été. Le désert s'étendait partout autour. Ma ville était une oasis au milieu des sables.

– Es-tu retournée en Arabie ?

– Jamais. Mon ancien pays se trouve dans une région très lointaine d'Asie, près d'un golfe appelé le golfe Persique.

– Et le désert, c'était comment ?

– Vaste comme la toundra, mais avec

des étendues de sable chaud. Parfois aussi, il y a des tempêtes terribles.

Jiimi sursaute, puis se lève pour inspecter l'arrière du vieux poêle. Une pile de planches de bois vient de s'effondrer contre l'antique appareil de chauffage. Anuri, le vent, ne cesse d'ébranler le refuge et nous ramène à la réalité. Si seulement le toit pouvait tenir ! Jiimi replace le bois par paquets moins hauts et se tourne ensuite vers moi.

– Tu as froid. Tes mains tremblent. Je vais encore aller chercher de la neige et la faire fondre. Boire chaud, ça aide.

– C'est moi qui remplis la casserole, maintenant. Tu as bien assez travaillé. C'est mon tour.

J'empoigne le récipient en même temps que je signe de l'autre main. L'étrange garçon ne me contredit pas. Sa blessure doit être très douloureuse. Ou il a deviné…

Je tire la porte avec énergie et me glisse dehors, déterminée à effectuer une cueillette de neige et surtout, à soulager mes besoins naturels. Comment avouer pareille nécessité ? Mon corps commande et je dois lui obéir. Malgré le froid et le pincement des rafales de neige, je m'accroupis en retrait, grelottant de tous mes membres, paniquée à la pensée du loup qui rôde. Je me revois toute petite au milieu du désert avec maman, faisant allègrement mon pipi doré malgré la menace des vents brûlants et des serpents vénéneux. Cette nuit, je presse mon corps d'en finir, solitaire et agressée par la nature. Je remplis la casserole de neige en même temps que je termine mon opération personnelle. Et vivement à l'intérieur ! Pas de loup à mes trousses. Allah est grand et Jiimi m'aide à entrer.

La porte craque en se refermant. Mon compagnon repousse les piles de planchettes contre le battant. Espère-t-il retenir les bêtes avec ce maigre monceau de bois ? Un geste symbolique ou le besoin de dresser une barricade ?

En peu de temps, l'eau est prête et j'accepte sans broncher la mauvaise boisson. Le liquide chaud me réconforte. Après quelques gorgées, je tends la casserole douteuse à Jiimi.

Ah, si mon père le joaillier ultra chic me voyait en train de boire à même une vieille marmite avec un *Inuk*. Quelle honte pour lui ! Je ne peux m'empêcher d'exprimer en signes un peu de mon désarroi.

– Je n'ai jamais bu de neige fondue avant ce soir.

– Quand il y a du thé, ce n'est pas si mauvais. Tu ne vas pas en mourir, même si tu es une fille différente des autres. Tu me fais penser à un corbeau égaré.

Ce clown attentif réussit à m'arracher un sourire. Moi, un corbeau ? Quelle drôle d'idée ! Dans mon ancien pays, ces oiseaux noirs n'existaient même pas. Nous n'avions que des oiseaux petits comme des canaris dans ma ville-oasis.

Jiimi veut bien me croire. Seulement, il insiste pour que j'aille m'asseoir sur la banquette et toute seule, si je préfère.

Avec quantité de gestes explicites, il réussit à me faire comprendre que le vent passe sous la porte et que, même avec la couverture, j'aurais toujours froid. Il m'offre d'essayer quelques instants… ce que je finis par tenter. Avec la lampe de poche, il m'éclaire pendant que je grimpe sur les planches rabougries. Tout de suite, je constate qu'il a raison et que l'air est plus chaud en haut. Et cette banquette surélevée n'a rien d'un lit ! Je n'ai plus le courage de redescendre.

Jiimi me tend la lampe de poche et me prie de l'éclairer du mieux possible. Je l'observe attentivement de ma plate-forme. Qu'est-ce que ce garçon *inuk* peut avoir à me raconter de si important ? Jiimi se met à parler et à signer, visiblement très gêné, arrêtant, se reprenant en chemin, cherchant ses lettres et ses gestes.

– Amina, je, je veux être ton… ami. Je, je, ne te ferai pas de mal. J… juré. Comprends-tu ?

Mes yeux se remplissent d'eau. Serait-ce possible d'être amie avec un garçon ? Fallait-il que je sois en détresse dans le Grand Nord pour y croire ? J'essuie les larmes tièdes qui coulent le long de mes joues. Serais-je capable d'accepter un autre, un garçon ? Peut-être. Celui-là paraît sincère. J'oublie la lampe de poche et la réponse que Jiimi attend. Un ami… est-ce possible ?

Angoissé, Jiimi touche nerveusement à mes jambes qui pendent le long de la banquette. Je dirige à nouveau le jet de lumière sur lui. Il recommence son message.

– Tu veux être a... amie avec moi ?

J'éclaire ma figure en faisant « oui » de ma bouche et d'un mouvement de tête, émue par son insistance. On dirait qu'un bloc de solitude vient de fondre en moi. Une confiance inconnue me réchauffe le cœur. Jiimi me demande alors la permission de venir près de moi.

Quelques instants après, assis l'un à côté de l'autre, nous tenons tour à tour la lampe de poche pour éclairer nos messages hésitants. Notre misérable refuge devient habité par des mots. Mes gestes lents décrivent ma vie d'étudiante à Montréal, mes activités à la maison ou à l'école. Les siens racontent ses vacances de camping l'été ou l'hiver.

Jiimi en vient à parler de son père et des chiens de traîneau qu'il entraîne. Un attelage de première classe avec des chiens combatifs. Il s'en veut d'autant plus d'être tombé en panne avec une stupide machine défectueuse.

– Ça n'arrive qu'à moi des malchances semblables, conclut-il.

Je m'empresse d'exécuter une série de signes qui veulent dire :

– Je suis bien plus idiote que toi de m'être aventurée en motoneige ce soir.

Mireille, mon professeur, m'a tant fait confiance. Je vais beaucoup la décevoir. À l'école, le directeur voulait que j'habite chez des enseignants non *inuit*. Mireille a insisté pour que j'aille chez une fille de mon âge, la fille d'un professeur *inuk* épatant. Une famille exemplaire. Je n'avais qu'à me tenir tranquille.

– Malgré tout, personne ne se moquera de toi. Mais de moi, oui. On se moque toujours de moi.

– Pourquoi ?

– Au fond, c'est à cause d'une nuit.

– Quelle nuit ?

Le garçon aborde lentement le récit d'une nuit où sa famille campait très loin du village. Il souffrait d'un mal d'oreille terrible qui a persisté plusieurs jours. Impossible de trouver un médecin dans ce coin de nulle part. Il a dû supporter sa douleur aiguë et tant pis pour les conséquences. Après ce séjour, il n'a presque plus entendu la parole. Son entrée à l'école fut une catastrophe. Ce n'est qu'après plusieurs interventions et l'aide d'un appareil auditif, qu'il a fini par entendre. Il continue quand même d'accumuler les échecs. Seul gars malentendant de son groupe, il se sent ridicule devant les autres. Jiimi avoue qu'il joue au clown pour tout camoufler. C'est son moyen d'auto-défense.

– Quel âge avais-tu quand c'est arrivé ?

– Quatre ans.

Brusquement, ce chiffre et la tristesse de Jiimi me ramènent à la nuit fatale de mon enfance à moi. Une nuit de violence et de peur. J'avais la certitude de l'avoir laissée dans mon lointain pays, enterrée pour toujours. Ce soir, au milieu du blizzard dans le Grand Nord, elle ressurgit sans prévenir avec force et déchirement. Soudain, je suis incapable de retenir la vérité ou de masquer mon drame personnel. La pendule doit sonner l'heure juste, plus possible de cacher les faits.

Pour la première fois devant un

étranger, je déballe ma vraie histoire. Une histoire de guerre brutale dans le golfe Persique situé entre l'Arabie, l'Iran et l'Irak. En état d'éveil et de conscience vive, je tends la lampe de poche à Jiimi pour qu'il m'éclaire.

C'était dans ma ville d'Arabie. Des missiles ont frappé Riyad en pleine nuit. Un bruit de tonnerre a éclaté tout près de chez nous. Un immeuble a sauté. Les vitres de la maison ont volé en éclats et un mur s'est effondré. Ce bruit violent a détruit mon audition. J'en ai eu les oreilles bouchées pour toujours. Réveillée en sursaut, je criais très fort, affolée par la vue du sang qui coulait sur la figure de maman. Mon père m'a prise dans ses bras. Ensuite, tout est devenu noir. On a manqué d'électricité pendant plusieurs jours. Les gens étaient sous le choc et se terraient. Ils avaient peur que de nouveaux missiles soient lancés. J'avais quatre ans. Je me souviens de peu, mais j'en porte la marque pour toujours.

– Tu comprends l'horreur, Jiimi. Je suis devenue sourde par une nuit de haine.

Avec des gestes lents, j'extrais les mots douloureux de mon passé et les diffuse dans la lumière. J'expulse le mal. Petit à petit. Difficilement. Comme les pièces empoisonnées d'un casse-tête. Longtemps après, quelque chose dans ma poitrine se relâche.

Soudain, je bloque, le mouvement de mes mains se fige et mes doigts deviennent de glace. Mon nouvel ami m'observe. Il attend sans intervenir, comme s'il savait que le pire n'a pas été dit. J'essaie de poursuivre et n'y arrive pas. Je respire profondément. Une nouvelle secousse ébranle le toit. Je ressens l'urgence de tout révéler. Je tremble de tout mon corps quand je finis par lâcher le morceau le plus dur :

– Ensuite, maman n'a plus été la même. Elle qui aimait tant danser, elle ne bougeait plus et ne mangeait pas. « Une dépression profonde », m'a dit papa plus tard. L'hiver suivant, elle est morte. Mon père a tout abandonné. Il est venu au Canada. C'est ici que nous avons recommencé à vivre.

La lumière de la lampe de poche quitte mon visage où les larmes ruissellent. Jiimi a pris ma main. Une main ferme et douce dans le noir. Non pas la main trempée et nerveuse de mon père à l'aéroport de Riyad en quittant l'Arabie. Ni celle de mon grand-père, disparu peu de temps après notre départ. La main tendue d'un ami. Celle de l'écoute et de la compréhension. Je ne la repousse pas. Ce contact me paraît aussi essentiel que de respirer. Je m'accroche à cette main vigoureuse et vide mon chagrin comme jamais je ne l'ai fait auparavant.

Lentement renaît le goût de poursuivre l'échange de mots vrais. Mes sanglots diminuent, j'insiste pour reprendre la conversation.

La lampe de poche revient sur mes

gestes et ma bouche. Je raconte la suite, ce que mon père m'a dit à propos de la guerre. Elle s'appelait « la guerre du Golfe ». Une guerre de missiles téléguidés, une guerre tout à fait moderne et précise. Le prétexte en était l'invasion du Koweït par l'Iraq, deux pays arabes proches de l'Arabie. Au fond, c'était un conflit à propos du pétrole, l'or noir qu'on extrait des puits dans le désert. On ne sait trop qui a gagné cette guerre. Nos alliés les Américains ou les ennemis Iraquiens ? Chacun prétend avoir gagné. Les Américains ont lancé l'opération « Tempête du désert » et les Iraquiens, des attaques surprises et du camouflage d'armes. Une seule chose est certaine : les gens ordinaires ont beaucoup souffert.

Jiimi me remet la lampe de poche et active un instant ses mains.

– Aimerais-tu retourner en Arabie ?

– Non.

Ma réponse est nette et mes gestes

tranchants. Son insistance à propos de l'Arabie me trouble. Je lui demande pourquoi il me parle de mon ancien pays.

– Parce qu'on a eu une semaine de géographie à l'école. J'ai aimé explorer ce pays. Peut-être à cause des modèles réduits de chameaux que les élèves avaient confectionnés !

– Oublie les chameaux. C'est la manière de vivre qui est la plus importante. La condition des femmes là-bas ne me plaît pas.

– Excuse-moi, j'ai encore gaffé.

– C'est moi qui en ai trop sur le cœur.

J'explique à Jiimi qu'en Arabie la religion est stricte et les femmes confinées dans un monde à part : écoles spéciales, quartiers particuliers dans les maisons, voile obligatoire. Avec des gestes très larges, je lui parle ensuite de Montréal où les femmes sont libres et peuvent accéder à tous les postes. Comment j'y ai appris un merveilleux langage de signes propre à la langue québécoise. Que ça ne m'empêche pas de prier ni de jeûner selon les lois de ma religion. Bien au contraire.

– Je n'ai aucune envie de retourner en arrière. Mon pays, c'est le Canada et plus précisément le Québec.

– Mais pas le Nunavik, signe Jiimi. Je suis certain que tu ne reviendras jamais dans les régions arctiques et…

Je dépose la lampe dans ses mains pour le relancer avant qu'il ne termine son message :

– Si je réussis à m'en sortir, peut-être. J'inventerai une histoire et je viendrai tourner un film.

Jiimi rit comme un enfant et me tend la lampe.

– Pas nécessaire, tu n'auras qu'à raconter ta semaine ici ! Parle-moi encore de Montréal.

J'accueille de nouveau la lumière avec un sourire. Subjuguée par l'attention de Jiimi, je reviens à mes activités étudiantes, aux coins de ma ville que j'aime, à mon amie Suzie.

Le blizzard ébranle la cabane et les bêtes continuent de rôder. Malgré cette menace, je me sens libérée. Un poids infernal et douloureux m'a quittée pour toujours.

Cette nuit blanche s'étire dans une sorte de paix aérienne et mystérieuse.

Réveil boréal

Les heures ont filé et m'ont projetée hors du temps. Plus rien, sinon le sommeil irrésistible. Quand je me suis réveillée, j'avais la tête sur l'épaule de Jiimi et la main encore dans la sienne. Mon nouvel ami dormait. Une clarté s'infiltrait dans le refuge au travers des mauvaises planches. Ce devait être le matin.

En dépit de ma fatigue, je ressentais une grande douceur. J'avais l'impression d'avoir vogué au-dessus des glaces à bord d'un étrange vaisseau de bois. Des gens habillés comme des Bédouins du désert gouvernaient le navire. Ils parlaient à mi-voix et je savais tout ce qu'ils se disaient. Ces voix arabes me berçaient comme les contes de ma petite enfance. Dans mon rêve, il était question d'étoiles et de vent, de mer et d'oiseaux. Le navire avançait lentement vers un port, guidé par un phare de glace aux reflets bleutés.

Dans la réalité, le vent nous submerge et le ciel de la cabane n'est point piqué d'étoiles. Nous ballottons dans la tempête, à peine ancrés au sol. Avec précaution, je m'éloigne de Jiimi et saute par terre, la peau de caribou à la main.

Le charme finit de se rompre d'un coup sec : mon pied vient de buter contre la carabine et des vibrations insolites le long de la cabane m'effraient. Est-ce le vent qui ébranle les planches ou un nouvel animal qui nous rend visite ? Finirons-nous sous les dents d'une bête affamée ? Quand donc s'apaisera cette tempête ?

La neige ne cesse de pénétrer dans notre abri par le dessous de la porte. Frileusement, je remets la peau sur mes épaules. Que doit penser Mireille ? Et les parents de Léah ? Ont-ils organisé une opération de secours ? Hier soir, le père de Léah devait se rendre à l'école pour une réunion importante. S'est-il rendu compte de notre absence ? Peut-être pas, étant donné que Simuni sort souvent le soir. À moins que Léah n'ait téléphoné. La plus malchanceuse, nul doute que c'est Pasha.

Autre secousse : près de la porte, cette fois.

D'instinct, Jiimi se réveille. Il balaie le refuge d'un regard vif, puis il pose les yeux sur moi. Ses prunelles brillent de compassion et d'un autre sentiment que je n'arrive pas à définir. L'inquiétude ? En tout cas, ce n'est pas le genre de regard que j'avais imaginé trouver au Nunavik. Dans ce fameux dessin exposé en classe, à part une mer de glace tranquille, j'avais éliminé toute référence à la nature. Pourtant, c'est elle qui assombrit maintenant le regard de Jiimi, j'en suis certaine.

Combien j'étais ignorante de ce coin du Québec ! Les forces boréales m'ont rattrapée toutes griffes dehors, pour ensuite extraire de moi l'essentiel : le drame caché de ma vie. J'ai les larmes aux yeux en pensant à ces mots de feu et de douleur tracés dans la nuit.

Quel mystérieux pouvoir cache le Nord pour extirper le venin et le transformer en amitié ?

Mon compagnon se trouve tout à coup très proche de moi. Sa tête frôle mes cheveux et s'attarde un moment près de ma longue tignasse noire.

– Tes cheveux sont doux, fait-il d'un simple geste.

Je ne sais que répondre, troublée par sa remarque. Un objet banal à mes pieds vient me tirer d'embarras : la lampe de poche encore allumée. D'un bond, je me penche pour la ramasser. La lampe n'éclaire à peu près plus, les piles sont sur le point de lâcher. Je l'éteins pour préserver l'énergie qu'il lui reste et pour me donner une contenance.

Jiimi se plante en face de moi et

formule une remarque par gestes et paroles.

– Tu semblais bouleversée, tantôt.

– Je pensais à la nuit, à ceux qui s'inquiètent pour moi. À Pasha aussi.

– On a dormi longtemps. Maintenant, il faut s'occuper de nous et manger.

Manger ? L'instant d'un éclair, le frigo de mon père avec tous ses mets raffinés et ses boissons exotiques s'anime dans ma tête. Mon estomac frémit malgré moi. Je dois avoir faim. Il est vrai que nous n'avons rien avalé depuis longtemps. Mais je ne vois pas ce que nous pourrions manger ici, au milieu du gouffre blanc. J'enchaîne avec mes doigts.

– Le pire doit être passé. On déjeunera quand ce sera fini.

– Tu oublies que tu es dans le Grand Nord. Le blizzard peut durer deux jours complets. On a besoin d'énergie pour combattre. Il faut se nourrir. Rappelle-toi le cours de culture.

Ah ! Ce cours de culture *inuk* que j'aurais dû suivre plus attentivement. J'aurais évité un naufrage. Deux jours impossible. Et puis, rien ne sert de me lamenter, je n'ai qu'à m'en remettre à l'expérience de mon compagnon *inuk*… s'il en a une, évidemment. Je poursuis en langage signé.

– Qu'est-ce qu'on peut trouver à manger par un temps pareil ?

Jiimi rit de toutes ses dents très blanches.

– Essaie de deviner.

Je choisis l'absurde et lui réponds en épelant un nom de six lettres avec mes doigts :

– D-a-t-t-e-s !

– Connais pas.

– C'est un fruit mou, sucré et délicieux… Qu'est-ce qu'il y a ?

Mon compagnon vient de reprendre la carabine. Il se plante au garde-à-vous près de la porte. Serait-ce le loup blessé qui revient ? Un frémissement le long des planches et, d'un élan fougueux, Jiimi se précipite dehors, l'arme pointée vers l'avant. Je cours derrière, la lampe à la main, prête à frapper. Rien. Sauf un coup de fusil à vide. L'ennemi s'est enfui et au travers du blizzard, impossible de repérer quoi que ce soit à moins que la bête attaque de front.

Sur la neige, des empreintes. C'était bien le loup.

– Encore raté, dit Jiimi, très piteux. Si au moins il s'en prenait à un caribou. On aurait de quoi manger pour longtemps.

Le blizzard maintient son rythme et balaie tout sur son passage. On ne voit rien à deux pas devant soi. Inutile de rêver de caribous. Je reviens dans la cabane de peine et de misère, titubant sous la poussée des rafales, vidée d'ambition. Derrière moi, Jiimi repousse la porte, installe les blocs de bois et dépose son arme. Ensuite, il touche son bras blessé en grimaçant.

Je tire un bout de sa chemise.

– Ça fait mal ?

– Pas tant que ça. Le plus grave, c'est qu'il ne reste qu'une cartouche dans la carabine. Nous allons pêcher sur la glace. Voilà !

– Où est le lac ?

– Tu veux dire, la rivière ? À peu près à une dizaine de minutes d'ici. Si tu viens, tu ferais mieux de remettre ta salopette à l'endroit. Rappelle-toi : le professeur a dit que porter ses vêtements à l'envers pouvait déclencher de grands vents !

Quel farceur ! Blessé et prisonnier d'un blizzard, il trouve la force de blaguer. Je proteste de tous mes membres. Quand j'ai enfilé le survêtement prêté par Léah, il était à l'envers et dans ma hâte, je ne l'ai pas retourné. D'ailleurs, je crois bien qu'il est réversible, ce qui lui enlève son pouvoir maléfique !

Jiimi rit. J'aime les plis dans ses joues.

Difficile de croire au malheur devant ces joyeuses rigoles. On dirait que sa figure est sculptée pour le plaisir. Je n'ose lui dire, évidemment. Il s'empresse de me tracer un autre message dans l'air.

– Oublie ça. Je voulais te changer les idées. Nous devons travailler. Il faut se fabriquer une ligne à pêche.

– Comment ?

– Avec les lacets de mes bottes.

– Tu n'as pas peur du loup ?

– Pas vraiment et j'ai un couteau pointu en plus de la carabine.

Jiimi détache les longs lacets de ses bottes. Un nœud résiste à ses doigts gourds. J'en viens à bout en jouant des ongles et des dents. Mon compagnon attache ensuite les deux cordons ensemble, puis fouille méticuleusement ses poches. Il en dépose le contenu entier sur la banquette : le couteau dans son étui, des mouchoirs de papier, une autre boîte de gomme, des clés et des pièces de monnaie.

– Qu'est-ce que tu cherches ?

– Un poids et une sorte d'appât. Je pense que l'anneau avec les clés pèsera assez pour tenir la ligne dans l'eau.

– Moi, j'ai une grosse épingle de sûreté dans ma trousse.

– Donne-la-moi. Je vais la transformer en une sorte d'hameçon pour attraper notre truite grise. Tu verras comme c'est bon, du poisson frais pêché au travers de la glace.

J'ai du mal à croire à sa truite, mais j'ai envie de participer à notre survie. Je lui remets l'épingle et quelques instants après, la ligne à pêche est prête.

Jiimi me fait un geste impératif.

– Reste ici. Le vent fait baisser la température. Elle doit tourner autour de – 20°. Tu risques d'être malade.

– Non, je tiens à t'accompagner. Te souviens-tu, c'était jour de pêche sur la glace au programme de l'école ? Je dois y aller ! En plus, j'ai remis ma salopette à l'endroit.

Jiimi s'esclaffe. Le programme d'école ! Je ris avec lui aux éclats. L'excursion tranquille et sportive, planifiée par les professeurs, contraste tellement avec notre opération de survie que cela en est ridicule. La mention de la salopette ajoute à l'incongruité de la situation. Le fou rire m'emporte et vient atténuer mes angoisses. Je me sens légère à nouveau, comme à la mer de glace avec Léah.

Danser en toute liberté dans le ciel clair, face à l'immensité : minutes de bonheur que j'aimerais tant revivre. Pourquoi pas ? Nous sommes jeunes, allons à la pêche pour ne pas mourir de faim. Et que le loup se tienne tranquille !

Je signe pour Jiimi :

– Tu me diras comment faire.

– Reste à mes côtés et emporte la casserole.

Mon compagnon *inuk* s'empare de la carabine et se propulse dehors en me tenant fermement la main.

Je me laisse guider, aveugle et sourde

au milieu de l'enfer glacial, doublement handicapée par les éléments. Toutefois, ma révolte s'est apaisée. Je ne suis plus seule à lutter. J'ai un ami. Sans colère, je règle mes pas sur ceux de Jiimi. Allah est grand ! Puisse-t-Il ne pas nous oublier dans la tourmente.

Pêche et chasse

Comment Jiimi peut-il s'y retrouver ? Tout semble pareil. Sous la tempête, la toundra ne révèle que son uniformité blafarde et mordante. Le trajet vers la rivière est interminable. Lorsque mon compagnon s'arrête, il me semble avoir tourné en rond. Je vois à peine sa figure et suis réduite à deviner ses intentions. Il dépose la carabine à ses côtés, puis il extrait le couteau de sa poche. Ensuite, il commence à piocher dans la neige et la glace. Tout à coup, il retire vivement son bras : je comprends qu'il a mal. Sa blessure continue de le faire souffrir et je n'y peux rien, car ma mini-trousse est presque vide. J'essaie de l'aider à creuser avec la poignée de la casserole. Jiimi me repousse. Il reprend le travail de l'autre main. Par chance, la lame du couteau est solide et pointue. Bientôt, un creux se dessine, se façonne, s'agrandit dans la glace. Mais à quelle profondeur se trouve l'eau claire ? Où nagent ces poissons fantastiques ?

Jiimi continue d'attaquer la glace. Je sens que la douleur ne le lâche pas. L'arme à ses côtés me rappelle la partie du cours traditionnel sur les bébés phoques, cours que j'avais suivi avec attention. Y aurait-il des *natsiit* dans la mer où se jette cette rivière ? Le blizzard m'obscurcit l'esprit : comment pourrions-nous attaquer des bébés à fourrure blanche ? Plutôt jeûner…

Mon compagnon fait une nouvelle pause et je m'empare du couteau. Cette fois, il me laisse travailler. Je pioche de toutes mes forces en serrant le couteau dans mes deux gants. Des morceaux de glace volent en éclats, le trou s'approfondit. Je suis fière de mon œuvre. Malgré mes efforts et au bout d'une demi-heure, aucun indice d'eau courante. Mes pieds gèlent et j'ai des élancements de fatigue dans les poignets. Je ralentis le mouvement. Allons-nous échouer ? Jiimi tire le couteau de son côté : il veut absolument continuer. L'*Inuk* croit à sa truite grise.

Tour à tour, nous creusons, piochons, dégageons la glace. Longtemps. Trop longtemps. J'ai l'impression de me transformer en une momie blanche, enserrée dans les bandelettes glacées de la toundra, pétrifiée pour toujours dans la froidure. Au moment où nous allions abandonner, je détecte un bouillonnement au fond du trou : l'eau courante. Victoire !

Le sang circule vivement dans mes veines, la chaleur renaît dans mes membres. Nous avons vaincu la glace ! Un sourire traverse le visage de Jiimi. Il pioche avec une nouvelle vigueur pour élargir le trou et enfin, il y introduit notre ligne à pêche improvisée.

Maintenant, il me fait signe qu'il faut attendre.

Quoi ! Attendre ? Après tous ces efforts, je m'étais imaginé que la truite répondrait à l'instant à notre signal. Je secoue la casserole vide, un picotement aigu dans la gorge. Le reste de la journée va-t-il s'écouler à espérer un poisson fuyant, alors que mon corps est transi, mon visage brûlé par la rafale ? Je ne veux pas périr ni perdre mon nouvel ami. « Allah si grand, Dieu de la terre et du ciel, nous voulons vivre. Viens à notre secours ! »

Une puissante rafale de vent et de neige me secoue. Le blizzard reprend du pouvoir. Le Ciel demeure sans réponse. Reviendrons-nous bredouilles ? Soudain, Jiimi relève la tête et jette un regard affolé autour de lui. Qu'a-t-il donc perçu ? Il dépose l'extrémité de la ligne entre mes mains, puis se lève en catastrophe, ramassant la carabine. Quelle est cette nouvelle menace ?

Aveuglée par la neige, je suis à nouveau épouvantée à l'idée de me retrouver sans Jiimi. Que se passe-t-il ? Quel animal veut nous disputer le poisson et nous attaquer ? Un ours ? J'ai lu trop d'histoires horrifiantes à propos des ours. Nous sommes épuisés et non en mesure de nous battre, surtout pas contre un géant. Et il ne reste qu'une cartouche.

Je regarde obstinément dans la direction prise par Jiimi, croyant à tout moment voir surgir la bête. Aucun animal en vue, rien que la neige autour de moi. Je n'ai aucun indice. Le silence, toujours le silence. Mon univers reste vide. Quelle ultime vision de cauchemar m'attend ?

Oh ! un mouvement... J'avance un peu. On dirait une bataille sauvage un peu plus loin. Il me semble distinguer deux animaux... un corps à corps... des grands bois s'abattent par terre. Un caribou ! Qui l'attaque ainsi ?

La réponse ne tarde pas à venir. Un deuxième animal vient de s'écraser à côté. J'aperçois un museau pointu : le loup ! Où est Jiimi ?

Quelques minutes plus tard, je sens un bras autour de mes épaules. Le voilà triomphant avec son arme. Il s'accroupit, me fait comprendre que l'ennemi a travaillé pour nous en attaquant un caribou faible et désorienté. La dernière cartouche s'est logée dans la poitrine du loup, privé à tout jamais de son festin. Mon ami *inuk* me prie d'attendre encore un peu, le temps qu'il dépèce un morceau de viande de caribou. J'acquiesce sans problème. Il en va de notre survie. Jiimi s'éloigne pour effectuer sa corvée. Troublée par tant d'événements, je demeure accrochée à notre ligne improvisée, sans me rendre compte qu'elle s'agite.

Quand Jiimi revient, j'essaie de retirer la ligne du trou de glace. C'est alors que je sens une ferme résistance. Un poisson !

Je tire avec énergie et une petite truite grise apparaît, frétillante, encore pleine de vie. Je n'en reviens pas de notre chance. Plus pratique, Jiimi met fin aux ébats du poisson en le frappant contre la casserole. Il trace ensuite quelques signes tout en parlant dans la langue des *Inuit*.

– Merci, la truite, c'était ta destinée de nous servir.

Quel message éclairé ! Le danger commande le respect. La truite nous accompagnera dans notre destin. La loi de la terre de glaces élimine l'envie de tuer pour le sport. Tout est question de résistance. Je suis remplie d'admiration pour mon compagnon *inuk*.

Heureux de nos prises, Jiimi continue de s'exprimer par gestes exubérants.

– On pourrait remplir un garde-manger pour un mois ! Mais la meute au complet risque d'être au rendez-vous. Allons-nous-en !

Plus simple à dire qu'à effectuer.

Chargé de la pièce de viande et de la carabine, Jiimi avance d'un pas pesant mais efficace. Pliée en deux par la tempête, je le suis avec difficulté, tenant précieusement la casserole contenant la truite grise.

J'ai l'impression de courir à toute vitesse et j'avance très lentement. À chaque instant, je crains de perdre la trace de Jiimi. Mais le bonheur de ramener des trésors fait pousser des crampons à mes bottes ! J'arrive à maintenir le rythme jusqu'à la cabane sans tomber une seule fois sur la neige durcie.

Festin millénaire

Nous regagnons notre abri avec soulagement. La cabane tient toujours debout et les vieilles planches renferment encore une certaine chaleur. Je dépose ma casserole avec le poisson sur le dessus du poêle et m'affale sur le plancher. Les épaules meurtries, les jambes trop lourdes pour me supporter, j'ai l'impression de crouler sous un mur de briques trempées. Je voudrais me relever, j'en suis incapable.

Dans une sorte de brouillard, j'observe Jiimi s'affairer autour de la nourriture. Je ne vois que la lame du couteau qui taille la pièce de viande de caribou, puis qui gratte et nettoie le poisson. Elle brille dans la semi-obscurité et, tout à coup, elle s'élargit étrangement.

Hypnotisée par les reflets de la lame, je me soulève sur mes avant-bras. En plein milieu, miroite un portrait extraordinaire de maman. Elle ressemble à la photo sur la commode de mon père, sauf qu'elle porte des bijoux somptueux : un collier d'émeraudes et des boucles assorties. Les pierres précieuses scintillent d'un vert profond qui rehausse l'éclat de ses cheveux noirs. Comme elle est belle ! Elle sourit et me chante à l'oreille une chanson arabe enfantine. J'ai l'impression de chanter avec elle, les yeux grand ouverts sur cette apparition bienveillante. Maman s'éloigne et disparaît ensuite dans un jardin de fleurs entouré d'amandiers.

Où est-il ce jardin aux mille fleurs ? Je voudrais l'atteindre, mais je m'égare entre les amandiers. Des gouttes de rosée parsèment le chemin et mes pieds sont mouillés. Pendant que je tourne en rond, la lumière du couteau faiblit. Ma vue s'obscurcit complètement et je m'effondre. Soudain, je sens quelque chose de frais sur ma langue. Est-ce un pétale de rose ou une perle de rosée ?

Le goût ne me rappelle rien. J'avale le morceau inconnu, puis en reçois un autre que je déglutis. Le décor de la cabane réapparaît dans sa nudité et aussi, Jiimi, agenouillé à côté de moi. Je suis recouverte de la peau de caribou, mes chaussettes et mes vêtements mouillés sont étendus près de la fournaise.

– Ça va mieux ? disent ses mains agiles et sa figure alarmée. Mange encore, tu en as bien besoin.

Un autre morceau se retrouve automatiquement sous mes dents. Ce n'est pas mauvais, on dirait un légume frais cueilli ou bien… serait-ce le poisson ?

Je reprends subitement conscience. À moitié évanouie, étais-je en train de manger de la viande crue ? Dire que je ne la trouvais même pas mauvaise !

Je lève la tête et examine ce qui se

trouve dans la main de Jiimi. Il rit et m'explique par signes et gestes que le poisson frais regorge de vitamines. Le blizzard nous a épuisés et avant que le caribou ne soit cuit, nous devons nous offrir une entrée de crudités.

– Sans quoi, nous risquons d'être malades, insiste mon ami.

J'accepte un autre morceau de poisson cru pour montrer que j'ai compris. En avalant, je revois maman au milieu de son jardin d'amandiers. Son souvenir ne me déchire plus. Ses traits ont repris leur beauté. Je l'aime sans plus de souffrance. Curieusement, je sens monter l'énergie en moi.

– Assez pour le poisson, Jiimi. Ça va.

Tout à fait ranimée, je me lève pour inspecter la casserole sur le poêle. Rien de spectaculaire à l'intérieur de la vieille marmite : le caribou découpé en morceaux ne mijote à peu près pas. Les réserves d'huile du poêle ont baissé dangereusement. Non seulement la viande cuit lentement, mais aussi la température du refuge baisse.

Une crainte incontrôlable me saisit de nouveau. Mourrons-nous de froid dans la cabane ? Le secours ne viendra donc jamais ?

– Mange encore, insiste Jiimi. Il faut nous réchauffer l'intérieur du corps. C'est le plus important. N'aie pas peur, nous sortirons d'ici plus forts qu'avant.

Puisse Allah ou son Dieu à lui, l'écouter. Je m'en remets à la tradition des hommes et des femmes du Nord et m'efforce de prendre une dernière bouchée de truite grise.

Quand Jiimi apporte le caribou semi-cuit, je ne proteste pas. Je m'étire jusqu'à un morceau plus dur que mou et le mastique gravement, comme il le fait. Dans cet abri, Jiimi représente pour moi le Nunavik au complet avec sa force de survie millénaire. J'imite ses gestes en pensant à ceux qui m'attendent au village, à mon père à Montréal.

– Pourquoi me regardes-tu ainsi ? demande Jiimi au bout d'un moment.

– Parce que tu es important. Dans mes préparatifs de voyage, j'avais oublié que les blizzards et les animaux sauvages existaient. J'apprends le Nord avec toi.

– Moi, j'apprends le Sud avec toi.

– J'en crois rien du tout !

Les yeux de Jiimi sont devenus tendres, trop tendres. Il prend ma main et j'aurais envie d'appuyer encore ma tête sur son épaule. Effarouchée par l'inconnu, je m'empresse d'agiter mes doigts devant lui.

– Ton bras, comment est-il ?

– Couci-couça. On dirait qu'il y a des aiguilles dedans. En arrivant, j'irai me faire soigner.

– Tes parents doivent s'inquiéter pour toi.

– Je ne pense pas. Ils savent que je peux me débrouiller. Mon père m'a enseigné les techniques de l'ancien temps. Je vais souvent à la chasse avec lui et il me fait confiance. Comme la plupart des parents *inuit*, d'ailleurs. Et puis, on n'est pas mal dans cette cabane. Si tu entendais les histoires de ma grand-mère ! Mes ancêtres ont vu pire.

– Si la cabane s'écroule, tu pourrais bâtir un igloo ?

– Tout à fait. La seule personne qui est en mauvaise posture dans le blizzard, c'est Pasha. Cette fille est vraiment dans le pétrin.

Combien sage est mon compagnon *inuk*. J'étais en train d'oublier le vrai drame : l'accident de Pasha. Un accident bête et tragique qui risque d'avoir des conséquences très graves. Surtout avec ce blizzard qui retarde probablement son transfert à l'hôpital. Dans cette cabane, nous pouvons tenir le coup encore plusieurs heures. Enfin, je l'espère.

Jiimi me fixe sans bouger, comme s'il lisait ma pensée. Après une longue pause, il renoue le fil le plus important de la conversation.

– Amina, je t'ai dit que j'apprenais le Sud avec toi. Es-tu amie avec d'autres garçons ?

Je fais signe que non, sans révéler mon désarroi habituel devant les gars de mon école. Ni ma solitude extrême. J'enchaîne avec une autre question.

– Toi, es-tu ami avec d'autres filles ?

– Ma seule amie, c'est ma cousine qui demeure dans un autre village. Personne d'autre. Maintenant, il y a toi. Je voudrais t'offrir un cadeau.

Un cadeau ? Dans un lieu aussi perdu ? Je le regarde, perplexe, me demandant si c'est une blague. Mais Jiimi retire de son petit doigt un anneau blanc et mat, qu'il me tend gauchement.

– Ça te fera un souvenir du caribou qui nous a redonné nos forces. C'est un anneau en bois de caribou.

Tout se bouscule en moi. Le caribou ? C'est plutôt le souvenir de celui qui a dépecé l'animal et tué le loup, qui restera ! Jiimi attend ma réponse, le regard brûlant d'anxiété. Serais-je vraiment importante pour lui ?

Je saisis l'anneau et sans plus réfléchir, le glisse dans le seul doigt capable de le retenir, le majeur.

– C'est joli à ton doigt, dit Jiimi avec un sourire et des signes. Plus que sur le mien. Je pourrai te revoir avant que tu t'en ailles ?

– Tu crois que je pourrai m'en aller samedi comme prévu ?

– Aucun doute. Attends un peu, je vais ouvrir la porte !

La porte ? Elle vient de s'ouvrir toute seule et un homme robuste fait son entrée avec une jeune femme, couverte de neige : Mireille !

Des chiens s'excitent derrière eux : les chiens de Jiimi ! Comment ont-ils traversé ce blizzard ?

À peine son anorak secoué, Mireille vient m'embrasser et me serre dans ses bras. Comme elle a dû se faire du souci !

Elle s'inquiète encore :

– Pauvre petite ! Que je suis contente de te retrouver ! Vous avez mangé à ce que je vois. Quelle nuit vous avez dû vivre ! Tu n'es pas malade, au moins ?

Quelle nuit, en effet ! Quoi lui dire ? La peur ? La révolte ? Les mots de feu et de sang expulsés sous la poussée féroce du vent ? La main tendue de Jiimi ?

Tout ce que je trouve à répondre c'est un banal constat, agrémenté d'une promesse.

– Ça va, je te raconterai plus tard.

Mireille continue à me réconforter, toute à la joie de me revoir saine et sauve. Aucun reproche, aucune réprimande. Un sourire inonde sa figure quand elle me dit en langage signé :

– Prépare-toi, on rentre au village avec le père de Jiimi.

Je me lève lentement, encore abasourdie par ce qui m'arrive. J'attrape mes chaussettes et mon anorak qui ont fini par sécher, puis j'étale la peau de caribou sur la banquette. Je suis moins solide que prévu sur mes jambes. Les émotions m'ont secouée autant que l'effort physique. Je n'en dis rien à Mireille et enfile mes bottes avec une vigueur toute en surface.

Pendant ce temps, Jiimi s'entretient avec son père. Mireille s'approche d'eux et sur ses lèvres, je lis une question piège à l'intention de Jiimi.

– Pourquoi la motoneige a-t-elle lâché à un si mauvais moment ? En as-tu une idée ?

– Un problème de moteur, un sale problème, répond-il, très gêné. Je reviendrai plus tard la chercher.

Mireille semble regretter sa question et félicite plutôt mon ami de sa débrouillardise en lui serrant la main.

Le père de Jiimi a examiné les restes de notre repas. Il frotte la tête de son fils avec fierté. Jiimi lui a fait honneur en sauvant notre situation. Il a su attraper un poisson et disputer un repas de caribou à un loup. La motoneige, tant pis ! Jiimi confie quelque chose à son père en montrant la carabine. Ce dernier rit, un peu à la manière de son fils. Il doit être question du loup. La figure du père s'attriste seulement lorsqu'il découvre le bras bandé de Jiimi. Il s'empresse de ranger la carabine et de jeter nos déchets dans un sac de plastique.

– *Qaigit* ! nous dit-il en inuttitut avec des gestes vifs, ce qui veut certainement dire, « Venez ! »

Je ne me fais pas prier pour sortir de la cabane. Ces chiens de traîneau ont l'instinct précis du temps qu'il fait ou fera et on dirait que les rafales de vent sont moins puissantes que ce matin. Le blizzard est-il en train de s'éteindre ? Si ce n'est qu'une accalmie, elle est joliment bienvenue !

Nous prenons place dans le véritable traîneau. Jiimi se tient à côté de son père qui conduit l'attelage. Je disparais presque entièrement sous la peau de phoque. Appuyée sur Mireille, je pense soudain à la promenade avec chiens de traîneau, annoncée pour vendredi aux élèves de la classe. Décidément, j'ai de la veine.

Rassurée sur le trajet, je ferme les yeux et me laisse emporter par les chiens. Tikiraapik, mon village du Nord, me revoici, nous sommes sauvés !

J'habite un village

Depuis cinq minutes, Léah s'évertue à me faire croire que nous sommes vendredi après-midi. Impossible. J'étais dans le traîneau avec Mireille, Jiimi et son père il y a quelques instants. Nous étions jeudi après-midi.

– Tu as dormi très longtemps et tu avais de la fièvre, répète Léah. Il est midi.

Incrédule, je m'assois dans le lit et frotte mes paupières. Je viens de m'éveiller dans la chambre de Léah, les jambes mortes, la tête vide. Est-ce possible que j'aie dormi plus de vingt heures d'affilée ?

Quand j'aperçois Mireille avec la mère de Léah, j'admets que la fatigue et les émotions m'ont trompée. La maman de Léah sourit et me dit en caressant mes cheveux :

– J'étais certaine qu'on allait vous retrouver dans cette cabane. Repose-toi, aujourd'hui.

Avec des gestes enthousiastes, Mireille enchaîne :

– Te voilà ressuscitée pour de bon ! Je vais te chercher de quoi te remonter. Attends une minute.

Elle s'efface aussitôt en direction de la cuisine avec la mère de Léah.

– Tu sais, me confie mon amie, ma marraine qui enseigne la danse est arrivée ! Elle aussi a pu voyager hier, en fin d'après-midi. Je suis contente, tu pourras la rencontrer.

Léah espérait cette visite. Quelle chance que sa marraine ait réussi à franchir le blizzard. Léah profitera de sa compagnie plus longtemps. Moi, je dois surtout m'expliquer avec mon professeur de français à propos de ma sortie en motoneige.

Mireille revient avec un plateau de nourriture qu'elle dispose devant moi. Léah se retire discrètement de la chambre pour me laisser seule avec elle.

L'enseignante me présente les ustensiles, déplie une petite serviette, verse du jus de fruits dans mon verre, multiplie les gestes invitants pour me mettre en appétit. Rien à faire, je n'ai pas faim. Chagrinée jusqu'au fond de l'âme, je la regarde bien en face, articulant des signes désolés.

– J'ai de la peine, Mireille. Je dois t'avoir déçue bien gros avec ma disparition. Pardon de t'avoir inquiétée.

– À ta place, moi aussi, j'aurais été tentée par une balade au clair de lune avec des amis *inuit*.

– Ce devait être juste un petit tour et il n'y avait pas de lune.

– Raison de plus pour ne pas t'en vouloir. C'est un accident. Personne ne pouvait prévoir. Cesse de te tourmenter.

Le mot « accident » me fouette les

méninges.

– Pasha, comment est-elle ? Est-ce qu'on l'a transportée à l'hôpital ?

– Oui, hier après-midi. Durant l'accalmie, l'avion a pu décoller. Lisette m'a dit qu'elle a déjà été opérée pour ses fractures. Ce sera long, mais elle pourra marcher. Elle est à Montréal, dans un hôpital pour enfants.

– À Montréal ? On pourra lui rendre visite.

– Magnifique idée.

– Est-ce que j'ai manqué beaucoup de cours en classe ?

– Grande étourdie ! L'école Ajagutaq est fermée jusqu'à lundi en raison du blizzard. Tout le village, d'ailleurs. Moi aussi je suis en congé ! J'ai même dormi ici, à côté de toi. Léah m'a cédé son lit pour que je puisse te soigner. Tu étais agitée et tu divaguais. Au petit matin, tu as repris ton calme. Je pense que maintenant, tu es tout à fait sauvée. Mange et tu pourras te lever si tu en as envie.

– Merci, Mireille. Encore merci !

Remuée par tant d'affection, j'attaque mon repas de pain, thé, poisson frit, en pensant à mon festin de viande à moitié crue dans la cabane. Là-bas, j'ai mangé à la manière des anciens *Inuit* et la vie m'a été rendue. Je dois continuer à me nourrir correctement. Allah bénisse Jiimi et ses ancêtres !

Je contemple un instant ma main droite. L'anneau de caribou se trouve encore à mon doigt. Quel cadeau extraordinaire ! Je l'y laisserai pour toujours.

Mon ami *inuk* ! Je revois cette nuit du mercredi où Jiimi éclairait mon visage et mes mains dans la tempête. La nuit des révélations, de beaucoup de révélations. Sa figure attentive, inquiète, m'a émue. Ses gestes tendres aussi. Tendre ? Ce mot fait vibrer en moi des cordes auparavant sans résonance. Serais-je… comment dire… amoureuse ?

– Attention à ton thé ! articule désespérément mon professeur.

J'ai failli tout renverser ! Mireille a rattrapé à temps la tasse qui se balançait dangereusement entre mes doigts. Seules quelques gouttes de thé roulent dans le cabaret et viennent parfumer pain et poisson.

– Ce n'est pas le moment de te tourner les sens, reprend Mireille. Une chose à la fois. Tu reprendras ton équilibre tranquillement. Captive d'un blizzard en pleine toundra, tu as dû en vivre des émotions !

Mon teint se colore subitement. J'ai l'impression de bouillir de confusion et de virer au rouge écarlate. Que doit penser Mireille ? A-t-elle suivi mon regard jusqu'à ce majeur garni de l'anneau de Jiimi ? Peut-être.

Sur un autre de mes doigts, jaillit le feu d'un minuscule rubis monté sur une bague signée de la main d'un tout autre artiste, mon père. L'enseignante connaît Youssef Sharif, le joaillier de renom qui vient parfois me chercher à l'école. Elle ne peut s'y tromper : l'anneau blanc provient du Grand Nord et de ma nuit au milieu de la toundra. Que lui dire ?

– On aura tout notre temps pour causer, poursuit Mireille d'un air détaché. Demain, nous avons un long voyage à entreprendre. L'important, c'est de te remettre sur le piton. Donne-moi le plateau, je le rapporte à la cuisine. Tu peux te reposer encore et, quand tu voudras, viens avec nous à la cuisine.

Ouf ! Mon enseignante vient de s'éclipser. Je reprends mes réflexions toute seule. Impossible de partager avec un professeur une pareille découverte : Amina, l'Arabe, amoureuse d'un garçon du Nunavik !

Le petit chien s'est glissé dans l'ouverture de la porte. « Nanuq, à mon secours ! » Je le prends dans mes bras et caresse son corps aux poils si doux. Quel bouleversement dans ma vie ! Jusqu'à mercredi, je n'avais aucun ami, aucun copain. Que m'arrive-t-il ? Est-ce vraiment ainsi, l'amour ? Et Jiimi, serait-il amoureux de moi ?

Je me lève en tenant le chien contre moi. Le fameux passage vers la mer de glace s'est effacé. Le mauvais temps se poursuit. Tant pis, je n'en suis pas troublée, les bourrasques de neige ne m'atteignent plus. J'habite un village et un ami désire me revoir.

Célébrations

Une fois habillée et dans la cuisine, les petits tournent autour de moi en sautant à pieds joints. Lukasi, Maata et Aisa fêtent mon retour à leur façon. Au bout de quelques minutes, ils disparaissent en coup de vent dans le salon. La maman de Léah m'invite à m'asseoir à table avec le grand-père et Mireille. L'aïeul me fait un sourire, puis se penche sur son thé qu'il boit à petites gorgées. Ah! si mercredi nous l'avions écouté…

Soudain, quelqu'un tambourine dans mon dos : Simuni. Les traits tirés par de longues veilles, il m'invite à le suivre dans le couloir. Une fois à l'écart de la famille, ce grand garçon intimidant pose ses mains avec douceur sur mes épaules.

– Merci d'être venue dans la toundra

avec nous, mercredi soir, dit-il. Autrement, je n'aurais pas pris le traîneau et après l'accident, Pasha aurait attendu longtemps du secours. Dans cet espèce de blizzard, imagine le désastre et les complications, peut-être. Tu as contribué à la sauver, tu sais.

Sa remarque me surprend. Ma présence a donc été utile ce soir-là ? Je croyais n'avoir été qu'une invitée encombrante. J'enchaîne en langage signé :

– Il paraît qu'elle va mieux. C'est exact ?

– Oui et, en plus, son père a répondu au message d'alerte de la radio *inuk*. Il doit se rendre à Montréal dès lundi. Elle l'aime beaucoup. Sa visite l'aidera à récupérer. Pasha avait perdu sa trace depuis deux ans.

– Jiimi m'a mis au courant de la situation. Je suis contente que le problème familial de Pasha se règle un peu.

– Moi, je suis désolé pour la nuit de

tempête qu'on t'a fait vivre. Jamais on n'aurait pu imaginer une panne aussi bête.

– On apprend à vivre autrement quand il le faut. Ça fait réfléchir aussi.

– À propos, j'ai un message de Jiimi pour toi.

Mon cœur se met à battre à tout rompre. Sim a parlé à Jiimi ? À propos de quoi ? Je fixe le visage de Simuni avec émotion. Il articule avec précision comme s'il était en train de me livrer un secret d'État.

– On dit que le blizzard cessera bientôt. Jiimi se débrouillera pour venir te voir après souper. Je m'occuperai de vous deux ; compte sur moi pour éloigner les curieux. Tu pourras lui parler tranquille.

Je reste interdite devant le frère de Léah. Sim serait donc au courant des intentions de Jiimi ? Depuis quand sont-ils amis tous les deux ? Depuis hier ? Jiimi semblait n'avoir aucun ami.

Maintenant, Sim veut faciliter sa visite. Je n'ai rien contre, mais je n'oserais jamais l'avouer. J'enchaîne sur un autre sujet :

– Comment va son bras ?

– Plutôt bien. Le loup n'avait pas la rage, Jiimi a été chanceux. Lui, il va s'en tirer avec une poignée de pilules et des pansements.

Les yeux humides, je lui déclare aussitôt :

– Quand je serai à Montréal, j'irai voir Pasha à l'hôpital.

Sim ne manifeste aucune émotion. Sous son masque oriental, je suis certaine qu'il est bouleversé. Il recule un peu et me tend la main en disant :

– Je te donnerai mon adresse Internet. J'irai prendre mes messages à l'école.

– Moi aussi. Où est Léah ?

– Au salon avec sa marraine. Va la rencontrer, si tu veux. Ne sois pas gênée.

– D'accord.

Je reviens dans la cuisine saluer un instant Mireille, puis j'avance à pas de loup jusqu'à la porte du salon. Léah discute avec sa marraine. Assise sur le plancher avec les petits et sa tante, elle semble avoir beaucoup de plaisir. À tout moment, elle éclate de rire et les petits l'imitent. Je bats en retraite afin de la laisser au bonheur de ses retrouvailles, mais Léah m'a aperçue et elle vient me tirer par le bras.

– C'est tante Singartik, ma marraine. Je lui ai raconté que nous avons dansé devant la mer et comme c'était agréable. Elle a promis de nous enseigner des vraies danses du Nord.

D'un saut agile, la dame se lève et me salue avec des mots inconnus. Je m'incline devant elle, heureuse d'avoir la chance de rencontrer la marraine de Léah.

Ensuite, la dame *inuk* commence à exécuter des pas de danse en levant les bras. Léah l'observe et se met à l'imiter. Les plus jeunes entrent aussi dans la danse et suivent les pas comme ils le peuvent. Je me contente de les regarder tous, les muscles trop las pour me lancer dans l'exercice. Au bout d'une dizaine de minutes, la danseuse s'arrête pour donner des explications que Léah m'interprète sur-le-champ.

– Tante Singartik va nous montrer une danse de célébration de la chasse au phoque. Elle dit que c'est facile. Les pas sont semblables à ceux qu'elle vient d'exécuter. Viens l'apprendre avec nous ! Ça t'aidera peut-être à te remettre. Mais d'abord, on doit faire de la place dans cette pièce.

Léah et sa marraine ont tôt fait de tasser les tables et fauteuils de la pièce. La dame revêt ensuite une sorte de tunique blanche brodée et enlève ses chaussures. Les jeunes se placent derrière elle pour célébrer la chasse des anciens *Inuit*. J'ai soudain envie d'essayer aussi.

Les mouvements rythmés ne tardent pas à stimuler mes jambes et mes bras. Je me sens un peu mieux et plus détendue. J'ai envie de continuer.

Une vibration sourde vient tout à coup accompagner nos pas : le grand-père ! Il arrive avec un tambour plat et se place en avant du groupe. « Bam, bam. Bam, bam, bam… » Il joue sérieusement son rôle de musicien et me paraît plus beau que les jours précédents avec son chandail noir et sa touffe de cheveux gris.

Je continue d'imiter les autres, soutenue par le rythme du tambour et les mouvements amples de la marraine de Léah. La rude épreuve que j'ai subie dans la toundra recule dans le temps. Je retrouve le plaisir de danser, mon corps accepte de m'obéir.

Les adultes finissent par se joindre à nous : Mireille, mon enseignante, la mère de Léah et son père qui vient d'entrer. Même Simuni se met de la partie au bout d'un moment. Il ne manque que le bébé, qui fait sa sieste de l'après-midi.

Nous dansons longtemps et avec beaucoup de plaisir. Les gestes anciens aident à évacuer nos peines. Nos esprits redeviennent légers et disponibles.

Le rythme s'accélère et je me laisse porter par une vague d'exaltation. Dans son vêtement blanc, la danseuse *inuk* paraît émerger directement des temps anciens. Lorsqu'elle lève les bras, sa figure reflète une sorte de prière. Cette beauté fait surgir un autre visage, celui de Maman. Elle m'habite à nouveau, presque naturellement. Avec elle, j'évolue passionnément pour célébrer la terre de glaces.

Au creux de mon silence de personne sourde, je ne serai plus jamais seule. Ce n'est ni un mirage ni un enchantement : ma mère m'accompagne et je suis entourée de nouveaux amis.

De plus, j'attends une visite très spéciale.

Visiteur du soir

De la visite, il n'en manque pas à l'heure du souper. Le vent est tombé aussi brusquement qu'il était apparu. Anuri s'est retranché ailleurs. Lisette en a profité pour venir avec deux élèves de la classe. Suivent trois autres élèves. Et encore quelques-uns. On dirait qu'ils se sont tous donné rendez-vous ici ce soir. Que se passe-t-il ?

– Tu te rappelles, Amina, dit Lisette en langage signé, vendredi soir devait être soir de party. Eh bien, nous avons tenu parole !

Oh ! la fête de départ annoncée au début de la semaine ! J'aurai vécu le programme en entier malgré les mauvais sorts jetés par le vent. Les parents de Léah et Simuni devaient être dans le coup : ils ont mystérieusement disparu avec la tante et les plus jeunes de la famille. La maison nous appartient !

À chaque nouvel arrivant, je me demande si ce n'est pas Jiimi. Toujours rien. Aucun signal de Sim. Quand va-t-il arriver ? Je fais tourner nerveusement l'anneau blanc à mon doigt. Jiimi m'aurait-il oubliée ?

Je tempère mon impatience en accueillant mes copains et copines de l'école. Ils sont fringants après ces deux jours d'inaction et arrivent les bras pleins : sandwichs, poisson séché, nouilles, liqueurs douces, croustilles, gras de phoque. Un joyeux mélange de gâteries de deux civilisations.

Les danses font aussi un saut de plusieurs siècles et les cassettes de musique moderne remplacent le tambour ancestral. Je devine que le rock obtient la préférence de la plupart d'entre eux. La musique rock, dont je ne saisis que le rythme, me fait penser à Pasha et à sa chute.

Ce malheureux accident lui a fait retrouver son père. Fallait-il cette tragédie pour qu'elle le revoie et reprenne goût à la vie ? Les chemins de la Destinée sont mystérieux. Cette nuit de blizzard était-elle nécessaire pour me libérer du passé ? Une sorte d'exorcisme de mes anciens tourments. Qui sait ?

– Amina, tu es dans la lune, remarque Lisette en me touchant le front. Tu sais, on a beaucoup pensé à toi. On est heureux de te retrouver. Si tu nous racontais ton aventure ? Viens, on va s'asseoir en cercle.

Touchée par l'amitié de Lisette et de ses élèves, j'accepte la proposition. Une fois les copains et copines de classe *inuit* autour de moi, je leur décris en langage signé les faits marquants de mon aventure : la panne de moteur, le retour dans la cabane en plein blizzard, le vent terrifiant qui secouait la cabane, le loup, la pêche sur la glace suivie de l'attaque du caribou par le loup. Enfin, la mort du prédateur, tué par Jiimi.

Le plus important du récit, personne ne le saura. Une nouvelle Amina a émergé de cette épreuve. Mes proches le découvriront petit à petit. Les autres doivent se contenter des événements en surface. Une fille maligne me demande :

– Jiimi, comment l'as-tu trouvé ?

Devant les yeux mi-curieux, mi-moqueurs braqués sur moi, je plonge dans l'embarras. Des yeux absents de mon dessin du concours national, eux aussi ! Heureusement, Mireille répond à ma place, en paroles et en signes.

– C'est un garçon qui a beaucoup de sang-froid. Il n'a pas hésité à tirer sur le loup. Jeudi, quand nous sommes enfin parvenus à la cabane, il y avait là de la nourriture pour une semaine. Jiimi a dû se démener beaucoup.

Je proteste avec énergie :

– Pas tout seul. J'ai travaillé avec lui pour creuser le trou dans la glace. C'est moi qui ai tiré sur la ligne pour sortir le poisson.

– Bravo, Amina ! s'écrie Lisette en applaudissant.

Les élèves l'imitent joyeusement. Ensuite, l'enseignante des *Inuit* s'éclipse dans le couloir et revient avec un long rouleau soigneusement emballé.

– Mireille et Amina, dit-elle, j'ai le plaisir de vous remettre notre murale exécutée sur le thème de l'avenir. Espérons que cette œuvre collective nous unisse pour longtemps et soit le symbole de notre amitié Nord-Sud.

Cette fois, nous applaudissons tous et Mireille s'avance pour recevoir le précieux rouleau couvert des dessins aux multiples propositions d'avenir.

– Je vous renouvelle ma promesse de travailler à la réalisation d'un échange entre votre école et la nôtre, dit-elle lorsque le calme revient.

– À présent, tout le monde à la fête ! lance Lisette en guise de conclusion.

Dans un élan enthousiaste, chacun retourne au buffet improvisé.

Les danses ont repris depuis de longues minutes, lorsque Simuni vient m'annoncer que j'ai reçu un appel téléphonique. Est-ce enfin le moment attendu ? Jiimi est-il là ?

Sim me conduit dans le vestibule situé entre le couloir et la porte d'entrée. Jiimi ! C'est bien lui, tête nue, un anorak flottant par-dessus son bras bandé. Son regard est aussi triste que dans la nuit, le soir du blizzard. Je sens qu'il n'a pas le cœur à la fête.

– Amina, me dit-il en langage signé, j'étais content d'être avec toi, l'autre jour. Depuis, j'espère que tu ne me détestes pas. Ça me tracasse sans arrêt. C'était trop dur pour toi, notre camping forcé en plein blizzard.

– Dur, mais ça m'a changée. Pour le mieux, en plus.

– Je ne crois pas. Les autres se moquent de moi.

– Faut pas les écouter. La panne, c'était peut-être une chance plus qu'une malchance. Je n'oublierai jamais ces moments-là. Tu te rappelles notre conversation dans la cabane ?

– Merci de ne pas m'en vouloir, dit-il en prenant mes mains dans les siennes. Est-ce que tu me donnerais ton adresse ?

Je lui fais signe que oui et Jiimi extrait un carnet et un crayon de sa poche. J'y inscris mon adresse postale et mon adresse courriel.

– Un jour, j'irai te voir, poursuit Jiimi en rangeant son carnet. Par mes propres moyens et pas seulement avec les élèves de la classe. En attendant, je vais t'écrire. Ça va me motiver pour mieux apprendre le français.

– C'est pour perfectionner ton français que tu veux m'écrire ?

– Voyons !

Jiimi a repris mes mains dans les siennes et les serre très fort. Il murmure des mots très doux dans sa langue. Je lève un regard interrogateur vers lui.

D'un geste vif, il dépose un baiser sur mes lèvres et fait un pas en arrière.

– Laisse-moi t'admirer, dit-il.

Une bouffée de mélancolie monte en moi. Je voudrais me réfugier contre l'épaule de Jiimi, mais il me retient.

– Non, je dois partir et toi aussi, demain. Ne sois pas triste. Rappelle-toi, je suis ton ami du Nord.

– Je suis ton amie, Jiimi, ton amie du Sud, dis-je, m'efforçant de garder le sourire.

Sans me quitter des yeux, Jiimi relâche tranquillement mes mains, puis d'un mouvement souple, il franchit la porte et s'éloigne dans le soir glacial.

Adieu !

Je reste quelques minutes, seule dans le vestibule. Des larmes jaillissent de mes yeux. La force de Jiimi m'impressionne. Pas de scène de départ, pas d'apitoiement. Un échange de tendresse réelle. Je l'aime encore plus. D'un revers de la main, j'essuie ma figure. Mon ami du Nord ne m'oubliera pas.

Confiante, je reviens dans le couloir où Sim monte fidèlement la garde. Sans réfléchir, je le suis jusqu'à la cuisine. Nous partageons en silence une liqueur douce, puis je lui fais signe que tout va bien et retourne au salon avec les invités.

Simuni a bien joué son rôle et tout le monde a cru que j'étais retenue au téléphone. Je vais d'une à l'autre et de l'autre à l'un gaiement, jusqu'à vingt et une heures, l'heure du couvre-feu, en raison de notre départ pour Montréal.

– Soyez prêtes à dix heures demain matin, recommande Lisette à mon professeur et à moi. Je passerai vous chercher sans faute.

Lorsque qu'ils ont tous disparu, Léah court dans la cuisine s'affairer autour des restes de la fête. J'éclate en sanglots dans les bras de Mireille, mon professeur. L'émotion me secoue comme une nouvelle tempête. Mireille cherche à me consoler sans trop comprendre… ou peut-être a-t-elle compris implicitement. Lorsque le calme revient un peu en moi, elle me dit en langage signé.

– C'est toujours difficile de partir quand on s'est fait des amis.

– J'aime trop le Nord, Mireille.

– On n'a jamais trop d'amour. Même si c'est douloureux, ça nous fait grandir. Viens, je t'aide à boucler tes bagages.

La famille vient de rentrer avec la tante Singartik. Je laisse Mireille s'occuper des salutations et me réfugie dans la chambre. Je ramasse quelques effets et les range maladroitement dans ma valise.

Mireille réapparaît, le sourire aux lèvres.

– Léah nous prête encore sa chambre. Elle campera au salon avec sa marraine. Quelle chic fille, ton amie ! Donne-moi ce pantalon, tu es en train de tout le chiffonner !

La plus chic femme se trouve à mes

côtés. Elle s'appelle Mireille Dupré et je ne sais plus si c'est ma seconde mère ou mon professeur de français. J'abandonne la partie en toute confiance. Mireille termine mes bagages et me borde affectueusement dans mon lit.

Un sommeil d'enfant s'empare de moi. Il me conduit dans un jardin entouré d'amandiers où une femme très belle mène la danse.

Vol 351

Samedi après-midi, dernier embarquement : vol Kuujjuaq-Montréal. Dans la file de passagers qui attendent pour se présenter à la sécurité, Mireille et moi avons enfin repéré Alain Charest et son professeur. Ils viennent juste d'arriver à l'aérogare, ils étaient restés dans la ville de Kuujjuaq le plus tard possible. Dix minutes de plus et ils manquaient leur vol.

Pour nous, aucun danger de la sorte. Comme il faisait beau, Mireille et moi avons fait un pique-nique juste à côté. Nous nous sommes installées simplement avec nos provisions sur le bord du chemin, entre l'aérogare et Kuujjuaq. Lisette nous avait préparé un lunch du tonnerre, avec du chocolat et même des petits gâteaux pour dessert. C'était exquis de goûter à la fois le soleil d'avril et les délices de l'enseignante. Quel contraste avec les jours précédents !

Déjà ce matin, un vent léger chassait les derniers nuages et l'air se réchauffait. Le grand-père de Léah paraissait heureux du changement de temps. Il montrait sans cesse du doigt le ciel bleu par la fenêtre en murmurant des mots dans sa langue. La famille entière s'était réunie pour le petit-déjeuner, y compris la tante Singartik et le chien Nanuq. Celui-là, je l'aurais volontiers caché dans mes bagages ! À lui aussi, j'ai donné un gros baiser en partant de la maison.

Lisette et Léah nous ont accompagnées au minuscule aérogare de Tikiraapik. En chemin, il m'a semblé apercevoir un garçon ressemblant à Jiimi, sur une motoneige qui a viré brusquement près de l'aérogare. Illusion sans doute.

Mireille et moi avons quitté nos amies avec des promesses d'échanges de correspondance et de visites. Tikiraapik, mon village du Nord, je te quittais le cœur gros, riche d'amis et de combien de révélations ! Promis, je reviendrai un jour.

Je n'ai pratiquement rien vu du voyage de deux heures entre Tikiraapik et Kuujjuaq. Mireille a respecté mon mutisme, se montrant attentive à mes besoins immédiats, sans plus.

Une fois nos bagages consignés à Kuujjuaq, elle m'a secoué les mains et, bien en face de moi, m'a déclaré :

– Je t'emmène dehors. C'est jour de pique-nique !

Dehors ? Au Nunavik en avril, est-ce possible ? Le temps s'était réchauffé de manière inespérée. Incroyables, les caprices de la terre de glaces. Dans l'air sec et ensoleillé, avec Mireille qui n'arrêtait pas de blaguer, j'ai retrouvé mon équilibre et ma bonne humeur. Quelle semaine extraordinaire j'ai vécue ! Au milieu des collines enneigées qui nous entouraient, l'évidence me frappait de plein fouet.

Après notre repas, nous avons joué, couru comme des enfants sous le soleil, avançant, reculant vers Kuujjuaq, mais n'entrant jamais dans la ville. Des motoneigistes offraient de nous y conduire. Pas question, nous avions envie de nous enivrer une dernière fois d'air nordique. Deux heures et demie plus tard, nous sommes revenues dans l'aérogare avec… un début de coup de soleil ! Mon père sera ravi de me retrouver avec des joues colorées au soleil du Nord.

Maintenant, je suis prête à affronter Alain Charest, ses commentaires et questions. À bord du puissant jet, une fois assis à nos places l'un derrière l'autre, sa première note de correspondance ne tarde pas à glisser entre les doigts. Il semble que je ne suis pas la seule à avoir trouvé des surprises au Nord. Il m'a écrit : « Bonjour, Amina.

Tu sais, ce n'était pas comme je l'avais imaginé, là-bas. Les jeunes du Nunavik sont aussi modernes que nous ! » Je me retourne, étonnée de sa remarque. Son regard paraît rempli d'interrogations.

Les bagages d'Alain Charest seraient-ils aussi lourds que les miens de souvenirs et d'expériences inattendues ? Mireille m'offre de céder sa place au garçon pour nous permettre de mieux nous entretenir sur nos aventures.

J'accepte facilement et rédige un message un brin malicieux à l'intention de mon nouveau voisin de vol : « Comment était la chasse à l'ours ? » D'un stylo alerte, il griffonne aussitôt : « Comment étaient les yeux des gars et des filles *inuit* ? »

Je ne dessinerai pas le regard tendre et amoureux de Jiimi, ni celui de Pasha, criant de douleur et de tristesse, encore moins le regard des élèves, titillant de curiosité à l'égard de ma rencontre nocturne avec Jiimi. Je lui écris : « Attends, je te dessine une paire d'yeux que je n'avais pas imaginé voir face à face. »

Nouveau message d'Alain Charest : « QUOI, LES YEUX D'UN LOUP ? »

Le vol semble trop court et, le Nunavik, un espace trop vaste pour communiquer nos impressions et découvertes.

Qui serons-nous dans les bras de nos parents à l'aéroport de Dorval ? Des êtres différents, marqués de la griffe du Nord, façonnés par la terre de glaces. Tant pis pour nos objectifs tracés à l'avance, nous avons mis le cap sur l'inconnu !

Mon crayon danse sur le papier en attendant de m'élancer sur ma banquise imaginaire, emportée par de nouveaux rythmes, animée d'un souffle brûlant d'amour et d'espoir.

MERCI !

À Hélène Caron, audiologiste, dont le regard d'une sensibilité aiguë m'a permis de mieux comprendre la personne malentendante.

À Julie Caron, sans lien de parenté avec la personne précédente sinon le grand cœur, pour son encouragement et son amour des mots bien écrits.

À Angèle Drouin, pour le partage avec une générosité inoubliable de son gîte et de son expérience au Nunavik.

À mon amie Claire, pour ses remarques empreintes de vécu ainsi qu'au fidèle lecteur des toutes premières heures qui se reconnaîtra.

À Diane Groulx, éditrice, qui a complotté ma « mission » dans le Grand Nord, sans laquelle ce roman n'aurait jamais vu le jour.

Table des matières

Titres disponibles dans la collection

roman jeunesse

Le défi nordique, de Diane Groulx.
Sélectionné par Communication-Jeunesse

Terreur dans la taïga, de Diane Groulx.
Sélectionné par Communication-Jeunesse

Alaku, de la rivière Koroc, de Jacques Laplante.

Ajurnamat ! On n'y peut rien !, de Daniel Beauvais.

Napatsi, de Robert Feagan.

Terre de glaces, de Louise-Michelle Sauriol.

La visite nordique, de Diane Groulx.